उत्तरार्द्ध
[कविता-संग्रह]

उत्तरार्द्ध

अशोक कुमार महापात्र

अनुवादक

डॉ. विनोद प्रकाश गुप्ता

शशि किरण गुप्ता

राधाकृष्ण

ISBN : 978-81-8361-799-4

उत्तरार्द्ध

पहला संस्करण : 2016

मूल्य : ₹ 400

प्रकाशक
राधाकृष्ण प्रकाशन प्राइवेट लिमिटेड
7/31, अंसारी मार्ग, दरियागंज, नई दिल्ली-110 002

शाखाएँ : अशोक राजपथ, साइंस कॉलेज के सामने, पटना-800 006
पहली मंजिल, दरबारी बिल्डिंग, महात्मा गांधी मार्ग, इलाहाबाद-211 001
36 ए, शेक्सपियर सरणी, कोलकाता-700 017

वेबसाइट : www.radhakrishanprakashan.com
ई-मेल : info@radhakrishanprakashan.com

मुद्रक : बी.के. ऑफसेट
नवीन शाहदरा, दिल्ली-110 032

UTTARARDDHA
Poems by Ashok Kumar Mahapatra
Translated by Dr. Vinod Prakash Gupta & Shashi Kiran Gupta

समर्पित

मेरे दादा-दादी एवं माता पिता
जिन्होंने मेरी संवेदनशीलता विकसित की
और मेरी पत्नी एवं बच्चे
जिन्होंने इसे सहन किया एवं बनाए रखा।

प्राक्कथन

संग्रह की कविताओं का सृजन आयु के पचास बसन्त पार करने के बाद जीवन की सांध्य बेला में प्रारम्भ हुआ और 10 साल के लम्बे अन्तराल में लिखी गईं। अपराह्न धूप की किरणें तीखी एवं गर्म होती हैं पर उस समय सूर्यास्त का खौफ हमारी संवेदना पर छाया रहता है। जीवन का सौन्दर्य उस समय और भी मोहक हो जाता है जब हमें अहसास होता है कि बहुमूल्य जीवन का अन्त अवश्यम्भावी है। जिन्दगी की मनोहरता, इस चैतन्य में समाहित होकर हमारे विचारों की जीवन-संध्या को और भी अनूठा बना देती है, क्योंकि हमारा इन्द्रियबोध एवं आकांक्षाएँ हमारे अपने चिन्तन से जीवन के अर्थ एवं उद्देश्यों के प्रति प्रतिशोधित हो जाती हैं। भावनाओं एवं लालसाओं की तरह दार्शनिक विचार भी मनुष्य में स्वाभाविक तौर पर आ जाते हैं। भावनात्मक स्तर पर हम जीवन के विभिन्न कलात्मक सन्दर्भों का अनुभव करते हैं। सौन्दर्य, उल्लास, कुरूपता, दुख, इच्छा और निराशाएँ सभी हमारी कलात्मक संवदेनशीलताओं का बोध कराते हैं। दार्शनिक स्तर पर हम जीवन के वास्तविक अर्थ एवं सत्य को ढूँढ़ने का प्रयत्न करते हैं। हमारी भावनात्मक एवं दार्शनिक तलाश का गन्तव्य अन्ततोगत्वा एक ही होता है। जीवन के अनुभवों से बाहर कोई सत्य नहीं होता—इन्द्रिय या तार्किक! सृजनात्मक कौशल सौन्दर्यात्मक पहलुओं का निवारण करते हैं जबकि दर्शनशास्त्र जीवन के अर्थों और सत्यों के अन्वेषण से सम्बन्ध रखता है।

भारतीय दर्शनशास्त्रानुसार ईश्वर सत्यम्, शिवम्, सुन्दरम् का समन्वित स्वरूप है। प्लूटो के आदि सत्य, सौन्दर्य एवं अच्छाई सभी परम सत्य में समाहित हैं। कांटे एवं नीत्शे सरीखे दार्शनिक सौन्दर्य एवं पूर्णता तथा सौन्दर्य एवं तर्क के अन्तर्सम्बन्ध का जिक्र करते हैं। तर्कसंगत या अतर्कसंगत, सौन्दर्य

या कुरूपता सभी अस्तित्व सम्बन्धी सच्चाइयाँ हैं और सार्वभौम सत्य का हिस्सा भी! महान दार्शनिक हीगेल के अनुसार सार्वभौम तर्क सभी प्रतिकूल विचारों में समन्वय स्थापित करता है। उपरोक्त दृष्टिकोण से ही कलात्मक अनुभवों एवं दार्शनिक चिन्तन में एकात्मकता हमें हमारे जीवन के उत्तरार्द्ध में स्पष्ट नजर आती है। सृजनात्मक कला–कौशल जिनमें कविता एवं दर्शनशास्त्र शामिल हैं, एक–दूसरे में गुँथे हुए हैं और उसी उद्देश्य की ओर प्रयासरत हैं।

मैंने गहन भावुक जीवन जीया है। मैं जीवन के सौन्दर्य पर अध्यारोपित उसकी क्षणभंगुरता एवं उसके अपरिवर्तनीय स्वभाव के प्रति पूर्ण सचेत हूँ। जीवन के ये मनोभाव एवं मार्मिकता इन कविताओं की अन्तर्वस्तु में समाहित है।

कविता इस दर्शन को प्रभावशाली ढंग से प्रस्तुत करती है जो भावनाओं एवं विवेक दोनों को आकर्षित करने में सक्षम है। वेद, उपनिषद् एवं भगवद् गीता जैसे अभौतिक चिन्तन के ग्रन्थ कविता के माध्यम से ही अभिव्यक्त किए गए हैं। ये काव्यात्मक अभिव्यक्तियाँ विश्लेषणात्मक व्याख्याओं से कहीं ज्यादा स्पष्ट हैं। कभी–कभी लगता है कि ये विचार हमारी आत्मा की गहराइयों से स्वयं उच्चरित हुए हैं। लय, ताल एवं भाषा के पारम्परिक नियम, कविता के सहज एवं स्वाभाविक तरंगित प्रवाह के सामने ठहर नहीं पाते। इसलिए गद्य एवं पद्य के बीच की सभी सीमाएँ समाप्त हो जाती हैं। इन कविताओं में सहजता एवं स्वाभाविकता का बोलबाला है। कुछ कविताओं में, कुछ विशेष बिम्ब प्रयुक्त हुए हैं। जब हमारी भावनाएँ, कल्पनाएँ और विचार जीवन की बाह्य सच्चाइयों से रू–ब–रू होते हैं तो यह मिलन प्रतीकवाद को जन्म देता है। इन प्रतीकों का अर्थ दूसरों को समझाना हमेशा आसान नहीं होता। तथापि मैं समझता हूँ कि इन बिम्बों की व्याख्या, जो यहाँ दर्शाई है, शायद वही अर्थ प्रकट करेगी जिनके लिए मैंने इनका प्रयोग किया है।

मैं जानता हूँ कि कुछ सुधी पाठक इन कविताओं में दर्शाए मेरे विचारों से सहमत नहीं होंगे। अगर कुछ पाठकगण, इन कविताओं में अपने जीवन की अनुभूतियों, अनुभव एवं भावनाओं का प्रसार देखें तो मुझे अति प्रसन्नता होगी। मुझे तब भी उतनी ही प्रसन्नता होगी यदि ये कविताएँ मेरे से पूर्ण पृथक, यहाँ तक कि मेरे विचार से बिलकुल विपरीत भाव व्यक्त करें क्योंकि मेरी मान्यता है कि जीवन में सभी प्रकार के विचारों का संसार परस्पर गुँथा होता

है और एक विचार से दूसरा विचार प्रस्फुटित होता है। इसी प्रकार विचार सत्य एवं सौन्दर्य के आकाश में विचरते हुए हमारा मार्ग निर्देशन करता है।

मैं इस तथ्य से अवगत हूँ कि इन दिनों सुधी पाठकों का कविताओं के प्रति रुझान कुछ कम हुआ है, परन्तु मुझे विश्वास है कि जीवन एवं इसके सत्य की खोज और भावनाओं की अभिव्यक्ति की स्वाभाविक तड़प निस्सन्देह हमारे जीवन में बारम्बार आकर हमें उद्वेलित करती रहेगी।

जब कभी मुझे याद आता है अपनी कश्ती में गाते हुए दरिया पार करता मल्लाह, या खेतों में कड़ी मेहनत के दौरान गाता किसान, मैं हमेशा भाव-विभोर हो उठता हूँ। इन क्षणों में मुझे न केवल अहसास बल्कि अपने अन्दर जीवन का पवित्र आनन्द सार्थक होता प्रतीत होता है। मेरा विश्वास है कि इस पवित्र आनन्द की प्रत्येक के जीवन में अत्यन्त महत्ता है, इसी प्रकार कविता एवं दर्शनशास्त्र की भी।

मैंने ये कविताएँ लगभग 10 साल के अन्तराल में लिखीं। ये सभी यहाँ-वहाँ बिखरी पड़ी थीं। मैं अपनी पत्नी बन्दना का अति आभारी हूँ कि उन्होंने इन कविताओं को सँजोने एवं इनका संकलन प्रेषित करने के लिए मुझे प्रेरित एवं बाध्य किया। मेरी पत्नी एवं बच्चे, बड़ा बेटा कुमार एवं उसकी पत्नी ऋतुपर्णा, दूसरा बेटा सम्भव, बेटी इपसिता, दामाद देवाशीश तथा मेरे पोते-पोतियों ने मेरे भावनात्मक जीवन पर गहरी छाप छोड़ी जो मेरी कई कविताओं में प्रतिध्वनित हुई है। मेरी बेटी इपसिता के अथक प्रयासों से ही इन कविताओं को कम्प्यूटर में कई बिखरे पड़े पृष्ठों से ढूँढ़ा जा सका। मैं उसका इस सहायता के लिए आभारी हूँ। कुछ मित्रों का कृतज्ञ हूँ उनके मूल्यवान सुझावों के लिए। उनके सुझावों से इस कविता संकलन में बड़ा निखार आया।

मैं उन सबके प्रति अनुगृहीत हूँ,
मैं उन सबका आभारी हूँ।

—अशोक कुमार महापात्र

हमारी ओर से

अशोक महापात्र जी से हमारा परिचय सन् 1974 में हुआ। महापात्र जी शिमला में अपने परिवार सहित ट्रांजिट आवास में रह रहे थे और हम पास ही स्थित रेस्ट हाउस में, तकरीबन हर शाम को अपनी छोटी बच्ची को कन्धे पर बिठा, छोटा शिमला से माल रोड जाया करते थे और अपनी खिड़की से महापात्र जी इस नजारे का लुत्फ उठाया करते थे। यही हमारे बीच सम्पर्क सूत्र की प्रथम कड़ी बनी और परिवारों के बीच निकटता का कारण भी। महापात्र जी से मेरी घनिष्टता की दूसरी कड़ी थी मेरा कुल्लू जिले में उनके साथ काम करना, जहाँ वो जिलाधीश के पद पर कार्यरत थे और मैं उनका सब मैजिस्ट्रेट प्रथम श्रेणी हुआ करता था। कार्यस्थल पर ऐसा सम्बन्ध निकटता का सबसे मजबूत आधार बन जाता है और ऐसा हुआ भी। यह निकटता समय के साथ मजबूत होती रही। हमारे सम्बन्ध कार्यस्थल से बढ़कर पारिवारिक एवं सामाजिक स्तर पर सुदृढ़ होते गए और आज भी कायम हैं।

महापात्र जी की छवि एक सीधे-सादे तथा उच्चस्तरीय प्रशासक की रही। ईश्वर में उनका घोर विश्वास एवं निष्ठा को लेकर भी, शुरू-शुरू में लोग जिनमें मैं भी शामिल था, उन्हें अंधविश्वासी समझ बैठे। घर से कार्यालय जाते समय तथा शाम को वे नित्य मन्दिर में जाना नहीं भूलते थे। मुझे काफी बाद में यह आभास हुआ, जब हमने आपस में व्यावहारिक जीवन जीना शुरू किया, कि उनकी भगवान में अटूट आस्था है, अन्धविश्वास नहीं। उनका मानना है कि जीवन की डोर कोई तो चला रहा है और क्योंकि उनका जन्म परम्परागत हिन्दू परिवार में हुआ तो ईश्वर से अटूट लगाव का माध्यम हिन्दू देवी-देवता बने, और उनमें भी भगवान जगन्नाथ में उन्होंने अपनी घोर आस्था का प्रतीक पाया, जो आज तक बना हुआ है।

जब महापात्र जी दूसरे देशों में रहे तो उन्होंने यह माध्यम विभिन्न चर्चों में जाकर उसी प्रकार बनाए रखा जैसे भगवान जगन्नाथ से। मैं इसे उनके चरित्र की प्रबलता मानता हूँ कि उन्होंने अपने कार्यकाल के सबसे दुर्बल क्षणों में भी अपनी आस्था एवं ईश्वर में अपना विश्वास कभी डगमगाने नहीं दिया। एक मंत्री के नाराज होने से एक बार कुछ समय के लिए पदोन्नति से उनकी अनदेखी कर दी गई, (जो बाद में ठीक भी हो गई) पर उन्होंने उसी गति, सोच एवं संतोष से अपना कार्य और कर्म जारी रखा। उनका कहना है कि भगवान सब कुछ ठीक करते हैं।

हम अशोक महापात्र जी के काफी करीबी पारिवारिक मित्रों में से हैं, उनके आचार-विचारों से, उनकी मान्यताओं एवं दुर्बलताओं के भी प्रत्यक्षदर्शी रहे, पर अशोक कविताएँ भी लिखते हैं—यह तभी पता चला जब उनका निमंत्रण मिला कि उनकी कविताओं के संकलन 'माई आफ्टरनून पोयम्ज' का 15 अप्रैल, 2013 को इंडिया इंटरनेशनल सेन्टर में विमोचन होना निश्चित हुआ है। हमारे लिए यह घोर आश्चर्य की बात थी। खैर हम गए, भव्य विमोचन हुआ। मैंने और मेरी पत्नी शशि ने उनकी किताब पढ़ी, बड़ी ही अच्छी लगी। पता नहीं किस दिशा से अलौकिक सन्देश आया कि तुम्हें इस किताब का हिन्दी अनुवाद करना चाहिए और आनन-फानन में हमने अनुवाद शुरू कर दिया। अनुवाद के दौरान ही हमें उनके व्यक्तित्व को समझने का और ज्यादा अवसर मिलता चला गया। उनके व उनकी कविताओं के बारे में थोड़ा विवरण देना तो बनता ही है।

एक साधारण आर्थिक हैसियत के परिवार में पैदा कवि का सम्बन्धों की शुचिता में बराबर विश्वास रहा। वे सम्बन्धों के इस्तेमालिया रूप के धुर विरोधी रहे। उन्हें जो सम्बन्ध जन्म से मिले या जो उन्होंने कर्म से अर्जित किए, उनके निर्वाह में उनकी ईमानदार कोशिशें रहीं। किसी भी सम्बन्ध की उपेक्षा न करते हुए उन्होंने प्रत्येक सम्बन्ध के साथ न्याय करने का हर सम्भव प्रयास किया। सम्बन्धों की शुचिता की झलक उनकी प्रत्येक कविता में प्रत्यक्ष अथवा अप्रत्यक्ष रूप में उपस्थित है।

कवि के व्यक्तित्व में निहित सरलता, उनकी जीवन शैली की सहजता जिसमें आडम्बर और दिखावे का कोई स्थान नहीं, आचार-व्यवहार और कार्य क्षेत्र में उनकी दृढ़ शक्ति बनी रही बल्कि उनकी सृजनात्मकता की केन्द्रीय शक्ति भी। इसके कारण वे अधिकारों और कर्तव्यों के बीच एक प्रभावशाली सन्तुलन

बनाने में तो सफल रहे ही साथ ही अपनी सहज पैनी निगाह के कारण वे निरन्तर आत्मविश्लेषण भी करते रहे जिसने उन्हें अपनी सीमाओं के पार जाकर भी सोचने-समझने व करने की क्षमता दी। उनका मानना है कि मनुष्य अपनी परिस्थितियों एवं परिवेश से विवश होकर कभी-कभी निराश हो जाता है। यदि यह निराशा उसे आत्मविश्लेषण के लिए प्रेरित करती है तो सृजनात्मक होती है।

लेकिन अगर वह अवसाद की दलदल में फँसता है तो उसके समूचे जीवन पर नकारात्मक प्रभाव पड़ता है। कवि की कविताओं में भी कहीं-कहीं निराशा का भाव महसूस होता है पर कवि की आस्था उसे सघन नहीं होने देती या यूँ कहें कि भारतीय जीवन दर्शन के प्रति उनका आग्रह उन्हें पथ से विचलित नहीं होने देता।

कवि की यह गहन आस्था, व्यक्तित्व की सरलता, जीवन शैली की सहजता एवं स्वाभाविकता उनकी काव्य संवेदना का एक धारदार औजार है और इसकी आभा ने हमें एवं उनके सम्पर्क में आने वाले हर व्यक्ति को प्रभावित किया है। कवि का व्यक्तित्व अनेक सकारात्मक प्रवृत्तियों का पुँज है जहाँ सिद्वान्त और कर्म में कोई टकराव नहीं। आज के इस अवसरवादी दौर में जहाँ लक्ष्य प्राप्ति ही पहला एवं अन्तिम सिद्धान्त हो, वहाँ ऐसे व्यक्तित्व की उपस्थिति एक सुखद आश्चर्य से कम नहीं। अपने कर्म और मानव-मूल्यों के प्रति ईमानदारी कवि को विशिष्टता प्रदान करती है। उनकी मान्यता है कि बादल सूर्य को ढक तो सकते हैं पर पराजित नहीं कर सकते, ठीक वैसे ही बेईमानी व कुचक्र मानव-मूल्यों को कुछ समय के लिए दबा तो सकते हैं पर हमेशा के लिए कुचल नहीं सकते। वे सार्वजनिक और निजी जीवन से अनेक उदाहरण देकर और इतिहास के माध्यम से इस मत की पुष्टि करते हैं।

कवि के जीवन की ये तमाम विशेषताएँ उनकी कविताओं में अन्तर्निहित हैं। इस परिप्रेक्ष्य में ही हम उनकी कविताओं के प्रति आकर्षित हुए। श्री अशोक कुमार महापात्र की कविताएँ सहज अनुभूति की कविताएँ हैं जो जीवन के ऐसे दौर में लिखी गई हैं जब उनके पास अपने बीते कल पर चिन्तन-मनन करने के लिए पर्याप्त समय था। इतना ही नहीं शेष जीवन की दिशा भी उनके सामने स्पष्ट थी। इन कविताओं का रचयिता ऐसा कवि है जिसने जीवन को उसकी समग्रता में जिया है। उनके पास आस्था है, अनास्था के लिए उनकी चेतना में कोई स्थान नहीं। वह न तो बाज़ार से आक्रान्त है, न ही मूल्यों के विघटन से।

मानव चेतना पर बाजार के निरन्तर हावी हो जाने के बावजूद कवि का सम्बन्धों की पवित्रता एवं निरन्तरता में विश्वास कायम है। कवि उन सबका ऋणी है जिन्होंने उनके जीवन को बनाया, सँवारा और दिशा दी। यह कवि की निजी अनुभूति होने के बावजूद सम्बन्धों का व्यापक आयाम अर्जित करती है।

'माँ कभी नहीं मरती'। 'ना मरता है अन्तर्मन का अबोध शिशु'। 'संसार चलता रहता है'। 'माँ मर जाती है पर माँ हमेशा जीवित रहती है'। हमारे अन्तर्मन की गहराइयों में 'माँ' की यह पंक्तियाँ माँ और उनके स्वयं के बीच सम्बन्धों की जीवन्तता का बयान है। जितने सरल एवं जीवन्त ये सम्बन्ध हैं उनसे कहीं ज्यादा सरल एवं जीवन्त ढंग से उनका बयान किया है।

कवि के जीवन के उत्तरार्ध की कविताएँ होने के बावजूद इनमें भविष्य के प्रति आशा एवं आस्था है। 'अन्धकार आएगा' लेकिन सम्भावनाओं के तारे भविष्य के पथ को आलोकित करते रहेंगे। 'संध्या' कविता में भविष्य के अन्धकार का भय है लेकिन भविष्य का प्रकाश भी उसे भेदने को तैयार है। 'मैं हारता हूँ अन्धकार से भूत-प्रेत से'। 'मेरा भय है रोशनी का ना होना'। 'तभी देखता हूँ आकाश में चमकते असंख्य असंख्य अनगिनत तारे'। ये भूत-प्रेत भविष्य की आशंकाएँ हैं और अनगिनत तारे भविष्य में गहन आस्था के प्रतीक हैं। कवि की प्रत्येक कविता बेहद सहज है। यह सहजता प्रमाणित करती है कि सहजता में जीने वाला व्यक्तित्व ही अपनी साधारण अनुभूति को विशिष्ट सृजनात्मकता में रूपांतरित कर सकता है।

संग्रह की कविताओं पर कोई टिप्पणी करने के हम अधिकारी नहीं हैं। कविताओं पर टिप्पणी करने के अधिकारी तो पाठक हैं। पाठक इन कविताओं को पढ़ेंगे, इनकी सरलता, स्वाभाविकता का आनन्द लेंगे और साथ ही साथ जिन्दगी की गहन सूक्ष्मता, सम्बन्धों की शुचिता, अन्तर्मन के भय और भविष्य की आशा और विश्वास में आस्था के विषय में सोचेंगे, चिन्तन करेंगे और जीवन को एक बेहतर ढंग से जीने की प्रेरणा पाएँगे। इसी आशा व विश्वास के साथ कवि अशोक कुमार महापात्र की कविताएँ हिन्दी जगत के समक्ष प्रस्तुत हैं।

विनोद-किरण
बी 89/1, फेज़ II, सेक्टर III,
न्यू शिमला, हिमाचल प्रदेश-171009

डॉ. विनोद प्रकाश गुप्ता
शशि किरण गुप्ता

आभार

महापात्र जी के अंग्रेजी कविता संकलन को अनुवादित करने की प्रेरणा मुझे अपने अन्तर्मन से आई, मेरे मन:स्थल में यह सुविचार उत्पन्न करने के लिए मैं उस परमपिता परमेश्वर का कोटि-कोटि धन्यवाद करता हूँ।

मेरी पत्नी शशि ने कविता अनुवाद में मेरा सहयोग करने का बीड़ा उठाया व इस संकलन की सह-लेखिका बनने का अनुरोध भी स्वीकार किया। मूल विचार एवं भावों के साथ छेड़-छाड़ किए बिना भाषा के सुगठित और यथोचित प्रयोग से अनुवाद को सार्थक सौन्दर्य एवं लालित्य भी प्रदान किया।

मैं अपने मित्र श्री नानक चन्द का अति आभारी हूँ, जिन्होंने पांडुलिपि का गहन अध्ययन किया और अनेक बहुमूल्य सुझाव देकर इस कृति को तराशने में मेरा सहयोग किया।

वरिष्ठ आदरणीय भाई श्री अशोक महापात्र को मैं बार-बार धन्यवाद देना चाहूँगा जिन्होंने मुझे अपने कविता संकलन का अनुवाद करने की सहर्ष अनुमति ही नहीं दी बल्कि इसमें पूरी रुचि दिखाई और अनेक बार मेरे साथ इस विषय पर विस्तार से चर्चा भी की ताकि संकलन का मूल भाव अनुवाद में भी बना रहे।

कविता भवानी ने इस अनुवाद को कम्प्यूटर पर टाइप किया और बिना किसी संताप एवं खीज के बार-बार खुशी से गलती सुधार कर टाइप करके इसे यह अन्तिम रूप दिया। उसका मैं दिल से शुक्रगुजार हूँ।

प्रिय मित्र श्री अशोक महेश्वरी का गैं तहे दिल से कृतज्ञ हूँ जिन्होंने इस अनुवाद को प्रकाशित करने का मेरा अनुरोध सहर्ष स्वीकार किया।

अनुक्रम

आदिम रात्रि का स्वप्न

एक दिन मुझे
आदिम रात्रि का स्वप्न आया
जहाँ थी
सम्पूर्ण, अबाधित, निःशब्द शान्ति
पर्वत-मैदान
नभ एवं सागर
एक विचित्र धुँधले अँधेरे की चादर में लिपटे।
यद्यपि, अन्तरिक्ष के किसी कोने में
चाँद चमक रहा था
और जगमगा रहे थे तारे
और वायुमंडल की अजीब रिक्तता में
छाया था त्रास
पर किसी का डर नहीं
डरने के लिए कोई नहीं था।

आकाश में कहीं
अचानक चमक उठा चाँद
चाँदनी की छाँव में
न जाने कहाँ से
इकट्ठा हो गए आदमी एवं औरतें
प्यार की सरगोशियों में लीन
चाह जन्मी
बह उठी

प्रेम की अन्तरंग उत्कंठा
व्याप्त मौन में प्रस्फुटित हुआ
नूर ही नूर।
शाश्वत भू पर
सृजित हुआ जीवन
और जैसे ही प्रारम्भ हुई
आनन्दमय मातृत्व की
असीम धैर्य एव नैरन्तर्य की
अविराम यात्रा
कि तभी खुल गई मेरी आँख!

प्रभात

प्रभात
रात्रि के गर्भ से उपजी
सौन्दर्य और प्रेम की रात
मिथ्या और प्रलोभन
निष्ठा, विश्वास एवं आनन्द
टूटे वायदों और हृदयों की
स्थायित्व और शान्ति की चाहत की रात
उसी से
उपजा
सूर्योदय
उद्दीप्त एवं शान्त।

रात्रि
जिसके अन्तर की उर्वरता
असंख्य सम्भावनाओं को जन्मती है
अन्धकार जगता है

पौ फटती है
स्वप्न एवं सत्य का समावेश
निरन्तर सातत्य में
जैसे पा लिया हो
अमरत्व।
रात को दिया जलाकर
आकाश निहारता हूँ
और हो जाता हूँ
अपनी पहचान के प्रति आश्वस्त
कर उठता हूँ उसका अंगीकार।

सवेरा होते ही
क्षितिज के अनन्त में
सब अवरोध टूट जाते हैं
लौ बुझते ही
मेरी पहचान भी खो जाती है।

प्रभात की सत्यता
उन सभी छुपे हुए अर्थों को
सभी भ्रमों को
मेरे मन में उपजे
स्वप्नों को
धो डालती है।

मैं चाहता हूँ
रात के आँचल में
समा जाना
उस शान्ति में
जहाँ मेरा छोटा सा बसेरा है
उस कालातीत सत्य के अँधेरे में

जहाँ अन्धकार के गर्भ से
उपजती है सुबह!

सुबह

अन्धकार को भेदती
किरणें
सुबह का आगमन
रात्रि की गुमनामी
से उभर
सभी आकृतियाँ
दिखाई देने लगीं साफ
आकृतियाँ भी किसी शिशु के जन्म लेने की तरह हैं।

पक्षी नींद से जग गीत गाने लगे
अस्पताल के रोगी कक्ष में
हताश
रोगी के मन में हुआ उदय
नई आशा का सूर्य
सभी
किसी न किसी स्वरूप में
जीवन्त हो उठे!

हम भी फैलाते हैं हाथ
सुबह की लालिमा
के स्वागत को
ब्रह्मांड के छोर पर
निहारते हैं
अपने आप को

हम भी उभर रहे हैं अन्धकार से
अन्य स्वरूपों की तरह!

अद्वितीय

नाम, रूप और काम
जिया हूँ इनमें
सभी की तरह
हालाँकि, मन-मस्तिष्क
इससे नहीं रखते इत्तफाक
मैं इनसे परे देखता हूँ
और अशान्त हो उठता हूँ।

दरिया बहता है
निर्विघ्न गुजरता है
पहाड़ों, दलदलों
भयानक तंग घाटियों
मैदानों-जंगलों से।
परवाह नहीं
नाम और रूप की
शिकायत नहीं
ऊबड़-खाबड़ बहाव की
बस बहता ही रहता है
बढ़ता ही रहता है
निरन्तर!

जा समाता है
सागर की गोद में
मिटा डालता है अपना अस्तित्व

सागर कहता है
हे दरिया! तुम अद्वितीय हो
सभी की तरह!

विदित है
अनूठा हूँ मैं
प्रतिनिधित्व करता हूँ असीमता का
इस विशिष्टता के लिए
मुझे जरूरत है
नाम, रूप, काम की
चाहे या अनचाहे!

अपूर्णता के गर्भ से ही
जन्म लेती है पूर्णता
असीम की भव्यता
इस संसार में
अपने विलक्षण जीवन प्रवाह में
दुख-सुख सहते
कड़ी मेहनत करते
और बहते
जा मिलते हैं
सागर में।

सागर
अपने आगोश में ले
कहता है, 'तुम अद्वितीय हो
सभी की तरह
जो आए थे तुम से पहले
और जो आएँगे तुम्हारे बाद!

नागफनी

मरुस्थल की घनी अँधेरी रात में
नागफनी अपने भद्दे रूप पर
बहाती है आँसू
ईर्ष्या करती है
लम्बे, हरे-भरे वृक्षों से।
नागफनी के काँटे
सभी को दूर भगाते हैं
रेगिस्तान का एकान्त
दया नहीं दिखाता।
और तारे हैं
बहुत ऊपर, बहुत दूर
नागफनी सहती है
भाग्य दंड
ब्रह्मांडीय उपेक्षा का।

सुबह होती है
नागफनी देखती है
उग आया है
उसके विकृत शरीर पर
असाधारण सौन्दर्य लिये एक फूलों का मुकुट
जो है किन्हीं अदृश्य हाथों का कमाल।
सुबह की मौनता में
दैवी आकाशवाणी
उद्घोष करती है
ब्रह्मांडीय भट्टी में तप सौन्दर्य
नर्क के गर्त से ही उपजता है।
इसलिए, हे नागफनी
तुम्हारे भाग्य में आया नर्कवास

है मेरी ही कल्पना
ताकि भव्यता सृजित की जा सके
ब्रह्मांडीय अखंडता की कड़ी परीक्षा में
अथाह वेदना से ही सौन्दर्य उगता है!

माँ

बुखार में तपता
या उन्माद के वेग में
हमेशा माँ को पुकारता हूँ
हे माँ! मेरा सन्ताप दूर करो!

और माँ
जो बहुत पहले
मेरे बूढ़ा होने से भी बहुत पहले
स्वर्ग सिधार गई थीं
यह जानते हुए भी
मेरे अन्तस में छुपा बालक
दर्द में हमेशा पुकारता है
माँ!

नींद में
माँ आती हैं, मुझसे बतियाती हैं,
'मैं बहुत दूर हूँ पुत्र
खुशी और सन्ताप की
परिधियों से बहुत-बहुत दूर
तब भी चाहती हूँ
हर लूँ तेरे सब सन्ताप!'
माँ कभी नहीं मरतीं

न मरता है अन्तर्मन का अबोध शिशु
संसार चलता रहता है
माँ मर जाती हैं पर
माँ हमेशा जीवित रहती हैं
हमारे अन्तर्तम की गहराइयों में!

राहगीर

पहाड़ी पर चढ़ता राहगीर
कुछ देर रुकता है
आराम के लिए!
देखता है
सफेद, पीले-नीले
छोटे-छोटे मोहक फूल
घास के बीच
नाच रहे हैं
बिना किसी पहचान के!

निर्जन में खिलते हैं
धूल-घास में छुपे
कोई नहीं देता ध्यान
खिलें, मुरझाएँ या कुम्हलाएँ!
सूरज हर दिन आता है, चला जाता है
पर इनका जीवन
न कोई गति, न बहाव
न कोई चिन्ता, न चाह
किसी मन चाहे गन्तव्य को
पाने की!

बस एक स्थान पर
जैसे खूँटी से हो बँधा

राहगीर का मन
भर जाता है करुणा से
उनके अपरिवर्तित, गतिहीन जीवन पर।
राहगीर बढ़ जाता है
अपने गन्तव्य की ओर
दीन फूल नाचते हैं, और कहते हैं
धरती की कोख से जन्मते हैं
और जो खो जाते हैं सौन्दर्य बरसाते हुए,
सर्दी-गर्मी, सुख-दुख
जीवन की अनिवार्य विधाएँ हैं
आनन्द प्राप्ति का इससे दुश्कर पथ क्या होगा?

अमरत्व

शरीर ढलता है
अपनी विधि अनुसार
तो भी अमरत्व की कामना
कष्ट एवं पीड़ा
करते हैं बाधित मेरी तलाश!
पर मुझे नहीं हार स्वीकार
पाकर ही रहूँगा अमरत्व
अपनी विरासत का अधिकार!

मैं जन्मा हूँ
अमरत्व के लिए
और मुझे विलीन होना है
उस अनन्त विराट में

जहाँ सूर्य कभी अस्त नहीं होता
न समाप्त होती है कभी रात।
सत्य के उस एकीकरण में
मृत्यु एक प्रतिबिम्ब मात्र है
जीवन का
सन्देश
उस सार्वभौम सत्य, अनन्त यात्रा का।

कुरूप

आँख को अरुचिकर
इन्द्रियों को लगता घृणित
कुरूपता भी एक सत्य है
और अग्रसर है अपने अनाम लक्ष्य की ओर
कोई नहीं जानता
कुरूपता के सृजन का तात्पर्य
शायद ये सृजन की भव्यता की विसंगति है।

दया और करुणा के
नैसर्गिक परिधान पहने
निराकार अच्छाई
जब कुरूपता को करती है
अंगीकार
तो हो जाता है सौन्दर्य नतमस्तक
कुरूपता के समक्ष।
सृष्टि की इस एकात्मकता में
डूबकर किसी को
नहीं रहता स्मरण
कुरूपता का अर्थ।

बाजा

बारात में
चमकदार परिधानों में
संगीत की धुनों पर
सपने बेचते
बजा रहे हैं बाजा
बाजे वाले।

अपनी चिन्ताओं को
झुर्रीदार चेहरों के पीछे छुपाए
संगीत और नाच
की मतवाली चकाचौंध में
किसी को आभास भी नहीं होता
कि उन सपने बेचने वालों के
जिस्म में धँसे हैं
कितने काँटे!

बारात खत्म
थके माँदे बाजेवाले लौटते हैं
अपने बसेरों में
अपने दुखों और चिन्ताओं के अन्धकार में।
उनकी जरूरतों के दैत्य
उनकी थकान एवं पीड़ा से कहीं ज्यादा विकराल हैं
वो अगले तमाशे के लिए हो जाते हैं तैयार
और यह ढोंग जारी रहता है
अन्यथा ये जीवन कैसा
यदि अन्धकार को उजाले की स्मृति ही न हो।

जमा हुआ पक्षी

सूखे पंख
धँसा सिर
बर्फीली रात में सूखे वृक्ष पर बैठा
ठंड से काँपता पक्षी
धरती से आश्रय माँगता है!

धरती
जीवन की जननी एवं मृत्यु की दात्री
दया से देखती है
आकाश की ओर
और पक्षी की सुरक्षा की
प्रार्थना करती है।

'तुम्हारे सिवा कौन जीवन को प्राण दे सकता है?'

'हम ईश्वर से करते हैं प्रार्थना
और दुआ करते हैं माँ की गोद में आश्रय की'
ईश्वर देते हैं उत्तर
जीवन रहस्य
अबूझ अर्थों की अपरिमित
गहराइयों में छुपा
परत दर परत
पर यह भी सच है कि
आकाश और धरती एक हो जाते हैं
माँ की गोद में!

तलाश

पर्वत शिखर पर पाँव जमाए
वृक्ष की डाल पर झूलते
पक्षी ने नीचे देखा
अखंड विस्तार
और ऊपर की ओर
पंख फड़फड़ाते हुए
लगा दी छलांग आकाश में!

शून्य में आकाशवाणी हुई,
'इस ऊँचाई से गिर
तुम मर जाओगे
तुम्हारे नश्वर पंख
इस असम्भव ऊँचाई को
नहीं माप सकते।'

पक्षी ने कहा,
'मैं इस अनन्त शून्य में
जो छूना चाहता हूँ
वो मेरे अन्दर निहित है।
मैं सृष्टि की
इस अद्‌भुत भव्यता को
देखना चाहता हूँ।
मुझे ज्ञात है
मेरे पंखों की क्षमता
मैं अगर गिरा और मरा
तो हो जाऊँगा विलीन
इस असीम भव्यता में।
दोनों ही अवस्थाओं में

उड़ूँ तो भी
न उड़ूँ तो भी।'

सौन्दर्य

सौन्दर्य देखने की चाह में
ढूँढ़ता हूँ
जंगलों में, पहाड़ों में और आकाश में
यहाँ, वहाँ और हर जगह
परन्तु नहीं जानता
सौन्दर्य कहाँ है विद्यमान?

हर रूप में स्वरूप में
लय में और ताल में
सन्तुलन और अनुपात में
खोजता हूँ पर देखता हूँ
सौन्दर्य इन सबसे ऊपर, सबसे आगे
अन्ततः विद्यमान है सर्वत्र!

मिट्टी में, फूल में, आँसू में
सभी को एकरूप करता
सब में निहित
उसमें भी
जिसे हम कुरूपता का नाम देते हैं।

अब मैं जानता हूँ
सौन्दर्य अखंड है
इसका कोई निषेध नहीं
कोई विलोम नहीं

यह करता है परिभाषित
इस ब्रह्मांड को!

माया[1]

हमारी सब
कथनी और करनी
प्यार एवं विवाद
स्वप्न
बरसाती बादल
बसन्ती फूल
तृष्णा एवं दुख
निश्चिन्तताएँ एवं सन्देह
कहते हैं
सब मिथ्या हैं
क्योंकि हैं सब नाशवान!

पर मेरा मानना है
यदि सौन्दर्य का अस्तित्व है
मेरी नश्वर आँखों को शान्ति देने के लिए
तो भ्रम कैसा?
यदि ये सब जीवन के हिस्से हैं
तो मिथ्या कैसे हो सकते हैं?

मैं इन्हीं भ्रमों के संग
जीना चाहता हूँ

---

1. माया संस्कृत का शब्द है जिसका अर्थ मरीचिका है। माया भारत के अद्वैत वेदान्त दर्शनशास्त्र का सिद्धान्त है।

यही सुख है और शान्ति भी
यही है अनन्त सच्चाई।

सन्ध्या

जैसे-जैसे रोशनी
कुम्हलाने लगी
और पसरने लगा अँधेरा
भय के रथ पर सवार आई सन्ध्या
चारों ओर छा गई!

मैं, डरता हूँ अन्धकार से
और भूत-प्रेत से
मेरा भय है रोशनी का न होना
तभी देखता हूँ
आकाश में चमकते
असंख्य-असंख्य
अनगिनत तारे!

तारों की यह रोशनी
असीम रूपों में
दिव्य सौन्दर्य लेकर
निवास करती है अन्धकार में
इतनी जादुई दीप्ति

मानो अनेक परियों एवं देवदूतों ने
डेरा जमा लिया हो मेरे संसार में
भय को भगाने के लिए
और अब कोई डर नहीं
कहीं भी!

कुकू

स्वप्निल सा
खोलता हूँ आँखें
सुबह सवेरे
सुन तुम्हारा गीत
चिलचिलाती धूप में भी
सुनता हूँ
तुम्हारा गायन।
कहीं हरी घनेरी छतरी वाली झाड़ी में
आकाश में किलकारी भरते
तुम्हारे आदि तपस्वी संगीत को सुनते
जाग जाता हूँ अपने दिवास्वप्न से।

बदलते मौसमों में
फूल खिलते हैं, मुरझा जाते हैं
और मैं जीवन की विकटताओं में
जाता हूँ डूब
तुम्हारा बारहमासी, सदाबहार संगीत
हर लेता है
सभी विकटताएँ।

जब तुम हो गाते
जीवन उल्लसित हो
छू लेना चाहता है दैविक ऊँचाइयाँ
और महसूस होता है
यह शाश्वत संगीत ही है
जीवन सत्य।

सड़क

साँझ की नीओन रोशनी में
शहरी रास्तों पर
दौड़ते वाहन
पड़ोस की
बूढ़ी दादी
पटरी पर बैठी
देख रही है
बेचैनी से चलते-फिरते
अजाने अदृश्य आदमियों को।

दादी ने देखा
प्रभावशाली लोगों की
मोटरों का काफिला
घबराई एम्बुलैंस
बारात
शव यात्रा
चमकते सितारे
दूर आकाश में
चाँदनी को ढाँपते
उड़ते बादल।
दादी की आँख
कहीं टिकी नहीं थी
शायद वो
अपनी पूर्व यादों में लीन
सोच रही थी
समय कैसे उड़ गया
अर्थहीन
गति, गन्तव्य

सभी थे हमेशा मौजूद
आज की शाम, शायद
उन सब को दोहरा रही थी।

गति के रहस्य को
कोई समझ नहीं पाता
दादी की विस्फारित आँखें भी नहीं।

बाज और हंस

गर्मी की दोपहर
तालाब के किनारे की
दलदल में छुपे, खेलते
छोटे-छोटे हंस
और शान्त तालाब में नृत्य करतीं
सौम्य लहरें।

मैंने पानी छपछपाया
कि हंस आएँ बाहर
तैरें तालाब में
नजारा हो जाए और भी खूबसूरत!

अचानक कहीं से बाज आया
झपट पड़ा निरीह हंसों पर
और एक के बाद एक
ले गया उन्हें
पता नहीं कहाँ
मासूमियत में
हो गया था मुझसे बड़ा अपराध।

उसके बाद
इस अपराध बोध से
गरता रहा मैं, हर पल
हंस कैद थे
बन्दीकर्ता की कैद में।
मैंने उन्हें आजाद किया
तालाब तक लाया
जहाँ उन्हें होना चाहिए
जहाँ पाते वे अपनी
आजादी एवं सुन्दरता।

मैंने उन्हें
स्वतंत्रता देनी चाही
उन्हें मिली मृत्यु
तालाब अब भी वहीं वैसा ही था
पहले की तरह।
लेकिन पक्षी अब नहीं वहाँ थे
हंसों की गरिमा एवं सौन्दर्य
की मेरी तलाश
बनी उनकी मृत्यु का कारण
और पाप की दलदल में धँसा
मैंने जाना
जीवन देना मेरे बस में नहीं!

मृत्यु

घने जंगल में
जिन्दगी नाचती है खूब
मृत्यु आती है

पत्तों के झरते ही!

मृत्यु आती है
जब कुचला जाता है मुरझाया फूल
घास में कहीं
मेरे पाँव के नीचे।

मई की सुबह
जब रोबिन पक्षी छोड़ जाते हैं
बसन्त के फूलों को घायल
तो आती है मृत्यु।

मृत्यु तब भी
आती है
संगीत के स्वर जब-तब बदलते हैं
और हर गुजरते क्षण के साथ भी
आती है मृत्यु।
अनजाने
मृत्यु गुँथी है
जीवन की संरचना से
जैसे जंगल में
वृक्षों से गिरते सूखे पीले पत्ते
फूटती नई कोपलों के बीच!

निर्वाण

मुक्ति?
कि
कहाँ से?

इतिहास

इतिहास
गुहारता है
कि, पल-पल
नष्ट करता है
काल उसे!

इतिहास के प्रति
ऐसी क्रूरता क्यों
मैंने समय से पूछा!

समय ने कहा
मैं सदैव चलायमान हूँ
सृजन और विध्वंस
दोनों में!

इसी प्रक्रिया से
जन्मता है इतिहास
मृत्यु जीवन का भक्षण करती है
और जीवन मृत्यु का
यही है, कालचक्र।
निरन्तर चलता
हर दम बहता
नष्ट करता इतिहास को
निष्ठुरता से
इसलिए पुनः-पुनः
जन्मता इतिहास
होता निरन्तर
सृजित।

यही है इतिहास की
सत्यता का मूल
और समय की सत्यता से परे
इतिहास का कोई
मूल्य नहीं।

नया दिन

अपराह्न की धूप में बैठ
दिन शुरू करने की सोचता हूँ
रहस्यमय है जीवन पथ!

सुबह की स्मृति लुप्त
दोपहर भी अभी गुजरी
पर एक क्षण के आनन्द से ही
दिन हो सकता है शुरू।

आकाश में
बादलों की ओट में
लुका छिपी का खेल खेलता सूर्य
समय कैसे मिटा सकता है
जीवन का यह अजेय स्वभाव!

सर्दियों में
फूलों की क्यारियाँ
रंगों का उत्सव
दिनों का वो अपराजेय
चढ़ना और
अस्त होना

जीवन केवल अवधि नहीं!
कि दौड़ी और खत्म
एक ही क्षण पुनर्जीवित
कर देता है दिन।

ये चक्र लौटता है
किसी अजन्मे क्षण में
और पुनः शुरू हो जाता है
नया दिन!

सुगन्ध

सुगन्ध
अन्दर से
कहीं अन्तर्तम से
उपजती है।
आँख को
नहीं देती
दिखाई।

स्मृतियों से आती है
निराकार
अस्पृश्य
तो भी
सत्य एवं जीवन्त
इन्द्रियों पर छा जाती है।

सुगन्ध अंगीकार करती
मेरे नश्वर शरीर को

जीवन के अदृश्य
तारों को जीवन्त करती
मुझे बाँध जाती
ब्रह्मांड से।

सुनता हूँ निराकार के गीत
तारों का मधुर संगीत
मन के एकान्त में।
खूब गहरे
फैल जाती है
सुगन्ध ही सुगन्ध।

ध्वनि

कहीं
पूर्ण शून्यता में
आकाश की रिक्तता में
नजर एवं स्वरूप से परे
अनन्त में
मैं तुम्हें महसूसता हूँ
शिद्दत से।

जागते या नींद में
तुम्हारा आकार ध्वनि सा
नि:शब्दता में लय की तरह
जो तुम से उपजता
तुम्हें दर्शाता,
मैं कर लेता जिसे
अपनी चेतना में

आत्मसात्।

मेरी समस्त इच्छाएँ एवं आशाएँ
निराशाएँ एवं आनन्द
सब एक हैं
उस अविभाज्य मधुर संगीत
को सुन
मैं तुम्हें स्पष्ट देखता हूँ
जैसे मैं
देखता हूँ
अपने आपको।

अगर चाँद न होता

अगर चाँद न होता
और चाँद की शीतल चाँदनी
अँधेरे को न छाँटती
एक तरफ होता दिन का
प्रखर प्रकाश
दूसरी ओर, रात्रि का
घना अप्रशमित अँधेरा
तो क्या होता
चिन्तन एवं भावनाओं की
दुनिया का!

अगर चाँद न होता
रात और दिन में
चमकहीन रहने वाला शीशा
चाँदनी के परिधान पहन

मोती सा न दमकता!

अगर चाँद न होता
जीवन की घृणित रिक्तताएँ
शुष्क दरारें
कभी न भरतीं
स्वप्नों एवं प्यार के अफसानों से।

स्वप्न जैसे ही छूते हैं
परलोक का सत्य,
काल्पनिकता बदल जाती है
यथार्थ में!

सहजता

जीवन यात्रा में
साधुता एवं आनन्द
की खोज करता मैं
अपनी असली सहजता खो बैठा!

मुझे अभी तक नहीं मालूम
कैसे गवाँ दी मैंने अपनी सहजता
ज्ञान में, बुद्धि में या समझ-बूझ की प्रवृत्ति में
जो, कहते हैं,
देता है भगवान।

मुझे अभी भी नहीं मालूम
सहजता की प्रवृत्ति
और कैसे जिन्दगी

खो देती है इस भोलेपन को!

यदि सहजता जीवन है
और जीवन आनन्द
और जीवन पथ है श्रेष्ठ
तो कैसे सहजता को नकार सकता है
जीवन का आनन्द !
पूर्ण नम्रता एवं निष्ठा से
जीवन के प्रति समर्पण
ही है सहजता!

जीवन यात्रा

साल जुड़ते गए
उम्र बढ़ती गई
जीवन दरिया
लगभग पहुँच चुका
गन्तव्य, सागर मुहाने
यात्रा लगभग पूरी
किसी को स्मरण नहीं
क्यों शुरू हुई जीवन यात्रा?

आनन्द निहित था यात्रा में
लगातार बहती
जैसे शिराओं में बहता
रुधिर का दरिया!

सागर के मुहाने
दरिया बँट जाता है

अन्धी सँकरी वीथियों, जलाशयों में
कई धाराओं में
आनन्दातिरेक में किए नृत्य की तरह,
स्वयं को ईश्वर के समक्ष
विखंडित कर देता है
शाश्वत सागर देख रहा है
और सदा देखता है
दरिया के प्रवाह को
अपनी गोद में समाते
आत्मा हो जाती है लीन
परमात्मा में!

व्याकरणहीन

अब मैं व्याकरण से वंचित
उन सभी नियमों के बिना
जो अर्थ एवं रवानगी को
करते हैं सीमित!

देवदूत ने कहा
स्वप्न में,
'अनकहे शब्दों पर
नियमों का प्रतिबन्ध नहीं
स्वयं से कहे
आत्मा की गुफ्तगू
नियमों की मुश्तहक नहीं
यहाँ, शब्दों एवं व्याकरण की
सभी सीमाएँ
जाती हैं टूट।

मेरा मौन करता है व्यक्त
अर्थ की अनेक
पूर्णताएँ
जैसे आत्मा के शब्द
निरन्तर बतियाते
अपने आप से।'

यात्रा के अन्त में
मैं हो गया व्याकरण से वंचित
और देवदूत
चले गए
चुपचाप।
मैं उन्हें विदा करता हूँ
स्वप्न समाप्त
अब मुझे कोई
व्याकरण नहीं आता।

वापसी

मित्र लौट गए
अपने घरोंदों को
जैसे चहचहाते पक्षी
सूर्यास्त होते ही
लौट जाते हैं
अपने-अपने घोंसलों में!

दुनिया अभी भी चमक-दमक से भरी
पर मित्र नजर नहीं आते
हमारे दायरे

एक बिन्दु पर नहीं मिलते
जैसे मिला करते थे
पहले
सुनहरे दिनों में।

लैम्पपोस्टों में
रोशनी नहीं
रास्ते हैं अब अन्धकारमय
तो भी हमें चलना है आगे
और आगे
दिन खत्म होते ही
हम सभी जानते हैं
रोशनी आएगी
सुबह
भरपूर।

आओ मिलकर
हाथ कस लें
और नई सुबह के आगमन की
करें प्रतीक्षा
कुछ नया
रचने को!

सर्वव्यापी

तुम्हारी खुशबू सूँघता हूँ
तुम्हारा आकार देखता हूँ
और आवाज सुनता हूँ
मैं तुम्हें वहाँ देखता हूँ।

रात्रि की स्तब्धता में
सुनता हूँ तुम्हारा संगीत
असंख्य बाँसुरियों के स्वर
सुगन्ध एवं संगीत
छा जाते हैं मेरे एहसास पर।
तुम समक्ष खड़े हो मेरे
तुम्हारी जगमगाती छवि
और देखते ही देखते
उस सूक्ष्मता एवं स्पष्टता
के सामने सब सीमाएँ
हो जाती हैं ओझल।

साँझ का धुँधलका
कर देता है
मेरी सोच, मेरी दृष्टि
को भी धुँधला
पर मैं देख सकता हूँ
तुम्हें साफ स्पष्ट
हवा के हर झोंके में
हर ध्वनि, हर रंग में
तुम हो
मैं देखता हूँ, सुनता हूँ
तुम्हें, सिर्फ तुम्हें
सर्वत्र, सब जगह।

जैसे मैं दीया जलाता हूँ

जैसे मैं जलाता हूँ, दीया
और लौ टिमटिमाती है

चारों ओर व्याप्त अन्धकार में
आ जाती है एक चमक!

असंख्य इन्द्रधनुष जगमगा उठते हैं
अँधेरे में
मानो लौ ने छू लिया हो
अन्धकार का अन्तर्मन।

दीया बुझ जाता है
पर रोशनी
घर कर लेती है
मेरे मन में सदैव के लिए
और उदास घड़ियों में
आलोकित करती है
तन–मन!

जब मैं जलाता हूँ दीया
अन्तर्मन में
तो जल उठती है रोशनी
जो शाश्वत सन्निहित रहती है
हमेशा अँधेरे की कोर में
जीवन के मन्दिर में।

मैं आकाश से प्यार करता हूँ

मैं आकाश से करता हूँ प्यार
और चलता हूँ उसकी ओर
उसकी पाने की चाह लिये
पर्वत की चोटी पर

पथरीली घाटी से गुजरते
घास एवं झाड़ियों से
जंगली फूलों, फड़फड़ाते पक्षियों के पास से
धूप एवं बारिश में
चढ़ता हूँ अपने
दुरूह पथ पर
आकाश को भरने अपनी बाँहों में।

इसमें आनन्द है
थकान एवं दर्द भी
फिर भी यात्रा मुझे लुभाती है
आकाश से मिलन की चाह में
मैं करता हूँ
असीम सौन्दर्य एवं आनन्द का अनुभव!

फिर एक दिन पहुँच ही जाता हूँ
पर्वत की चोटी पर
पर आकाश अभी भी दूर
बहुत दूर
अब कोई पर्वत नहीं था चढ़ना
यह यात्रा का अन्त था।
यात्रा में
कितनी बार बदला मूड
नए विचार आए
पर मैं हर कदम के साथ
सपनों में खोया रहा
आकाश मिलन के सपनों में!

क्षणों ने मुझे अपनी गिरफ्त में
जकड़ लिया था

मैंने कभी पीछे मुड़ कर नहीं देखा
समय बदला
पर मुझे कभी पता न चला।

आज, पर्वत की चोटी से
मैं नीचे देखता हूँ
स्वर्ग
रोशनी से झिलमिलाता
रहस्यमयी एकात्मकता का प्रतीक
उन सबकी जिन रास्तों से मैं
होकर गुजरा, जिन्हें मैं पीछे छोड़ आया
आकाश के लिए।

मैं सोचता था
सौन्दर्य दर्शन होगा केवल यात्रा के अन्त में
पर प्रत्येक पग पर
अनेकानेक सौन्दर्य बोध होते रहे।

मैंने ही ध्यान नहीं दिया
कि भव्यता, सुन्दरता
बिखरी हुई थी चहुँ ओर
रास्ते में!

अब जैसे ही
मैं मुड़ कर निहारता हूँ
और देखता हूँ
अनन्त आकाश गंगा
क्षितिज का सौन्दर्य
जो सदैव मेरी पहुँच से रहा दूर
और जिसका मैं

निरन्तर करता रहा पीछा
अपने कभी न खत्म होने वाले
रास्ते पर बढ़ता हुआ!

जन्म एवं मृत्यु

बसन्त आया
खिले तरह-तरह के फूल
मनमोहक अनगिनत
उन्माद की पराकाष्ठा में
तितलियाँ एवं पक्षी
उड़े, फड़फड़ाए
जैसे किसी उत्सव में!

तब आया ग्रीष्म ऋतु का सूरज
तपता
मुरझाए फूल
खूब देखभाल के बावजूद
बचा न सका कोई
फूल सूखे और ओझल हो गए।
कोई नहीं जानता कहाँ?
सृजन का यह कैसा रहस्यमय चक्र?
जो जीवन और विघटन को
एक सूत्र में पिरोता है
हँसी एवं आँसू
उदय एवं अस्त
एक दूसरे के अनुगामी!
दोनों एक हैं
जीवन श्रृंखला के अटूट अंग

उदय, अस्त, उदय!

जीवन एक झरना है
जो बहता है हर जीवित प्राणी की पहुँच से परे
जीवन है नाम उस अखंडता का
जिसमें एक है दूसरे के साथ अविरल!

आत्म

आत्म के सिवा
चिन्तन में
तर्क में
कोई सत्य नहीं
बाहर क्यों झाँकें
आकाश एवं सागर क्यों छानें
मेरे अन्तर्तम आत्मन में ही
निहित है ब्रह्मांड।

शरीर नश्वर है
आत्मा अमर है
अनन्त का नहीं होता कभी अन्त
तारे उदय होते हैं अस्त होने के लिए
पर आत्मन् शाश्वत है।

हमेशा आकाश में भी
एक दिन से समय नहीं बनता
पर समय निहित है दिन में
कई आत्म एक आत्मन् को बनाते हैं।

एक रहस्यमय चक्र में
जैसे लहरें उफनती हैं और बैठ जाती हैं,
पर सागर सदैव चलायमान है

हमारे शब्द निरर्थक नहीं
न ही हमारी खुशियाँ एवं दर्द
आत्मा की निरन्तर यात्रा में
ये सभी पवित्र हैं
आत्मा कितने करीब है
सत्य कितना स्पष्ट
तो भी इस सार्वभौम में आत्मा है
कितनी रहस्यमयी ?

शतरंज

खेल चलता ही रहता है
कितने दाँव, कितने मोहरे
छल करते, पसीना बहाते
हार से बचते
जीत के करीब जाते

राजा और हाथी
घोड़े एवं सिपाही
चलते हैं योजनाबद्ध
नपी-तुली चालें, उद्विग्न मन
चिन्ता एवं तनाव
कैसा मनोरंजन ?
तो भी चलता है खेल निरन्तर

राजा गिरता है
एक पक्ष जीतता है
खेल पुनः शुरू होता है
राजा नहीं मरता
खेल खत्म नहीं होता
न कोई पक्ष हारता, न जीतता
अगला खेल शुरू
दुष्प्राप्य आनन्द की
अनन्त तलाश में।

यदि मनोरंजन आनन्द है
तो
भेदों, चालों
और दूसरों को
चकमा देकर
कैसे मिलता है
आनन्द?
और राजा
हमारे अन्दर का राजा
बार-बार गिरता है
जैसे खिलाड़ी लौटते हैं
खेलने को बार-बार।

बुढ़ापा

जैसे ही होता है अस्त
आकाश में सूर्य
यात्रा होती है और भी कठिन
दर्द करने लगी हैं हड्डियाँ

जो सुख देती थीं कभी
जानता हूँ उन्हें टूटना ही है!

गुझे ज्ञात है नए यात्रियों ने
पथ ग्रहण कर लिया है
मैं अब भीड़ में अजनबी
सा हो गया हूँ
सूर्यास्त की क्षीण
होती किरण देख
मेरा काफिला
कूच कर चुका है।

मैं अपने शहर को देखता हूँ
जहाँ से मैंने की थी
यात्रा आरम्भ
वो जीवन का बसन्त
मुझे याद है
हंसों का आखिरी झुंड
फड़फड़ाया और उड़ गया
कहीं दूर आकाश में
कहाँ चले गए वो।

हे ईश्वर!
मुझे चटकीले रंगों की चाहत नहीं
केवल एक सफेद किरण प्रदान करो
जो सूर्यास्त के बाद भी
करे मेरा मार्गदर्शन।

दरिया

लहर–लहर
बहता दरिया
बहाव में बहते
पत्ते, लकड़ी एवं फूल
सभी हो जाते सागर में समाहित।

हमारे जीवन में
सनातन बहता
नहीं रुका इसका
बहाव कभी
सूर्योदय में
रक्तिम
दोपहर में
चमकीला चाँदी सा
सन्ध्या में
श्याम
रात्रि में
भयावह तम।

चाँदनी रात में
हीरों सा चमकता
हर क्षण
रंग बदलता

हर क्षण एक दरिया मरता
एक नया दरिया जन्मता
ताकि दरिया रहे स्थायी
निरन्तर बहता।

हर क्षण
सागर में मिलता
पलक झपकते दूजे क्षण
पुनः जन्मता।

इसकी धारा में
खेलती मछलियाँ
अनवरत
पाती मरण
पुनः जीवन
निरन्तर।

केवल सागर मिलन नहीं
दरिया की परिणति
जीवन के उतार-चढ़ावों से
गुजरता और बहता
दरिया, मेरे और तुम्हारे
अन्दर बहता है
जीवन जीते
और
मृत्योपरान्त
पुनः जीते
जीवन के अनवरत
बहाव में!

भूख

भूखा था मैं
रोटी के लिए प्रार्थना अभिलाषी

देखता हूँ रक्तरहित चेहरे
भूख से बिलबिलाते मेरे चारों ओर
मैं किसी भी चीज के लिए
नहीं कर सका प्रार्थना
प्रभु इच्छा के विरुद्ध।

मैं बिस्तर में लेटा निराश
करवटें बदलता रहा
साहस नहीं था प्रार्थना कर सकूँ
जब तक नींद ने मुझे चुपचाप
अपने आगोश में नहीं ले लिया।

स्वप्न में देखा
मैं ताज पहने
पालकी में सवार
जिसे ढो रहे थे अपने कन्धों पर
आठ भूखे लोग
यह था शक्ति का तमाशा
मेरे पेट में मरोड़ नहीं उठा
क्योंकि मुझे अब भूख नहीं थी।

मैं पालकी में
चलता गया
यात्रा का आनन्द उठाता
जब तक कि भूखे लोग
और बरदाश्त नहीं कर सके
अपने कन्धों पर बोझ
पालकी गिर गई
लोग घबरा गए

मैं भय से जाग गया।

अब मेरा भूखा पेट पुनः
दर्दाने लगा
मैंने घुटने टेके और कहा,
हे ईश्वर! ये भूखे लोग
मेरी तरह
आपके ही हैं
और एक आदमी
दूसरे के कन्धों पर
कैसे कर सकता है सवारी
मैं प्रार्थना नहीं कर सकता अपने लिए
हे ईश्वर! मुझे बचाओ उससे!

जो मैं जानता हूँ
या नहीं जानता
या कभी नहीं जान सकता
और मुझे शान्ति प्रदान करो
समर्पण की!

मेरे उदर की भूख
सारे संसार की भूख है
हर उस पेट की भूख
जो आपने ही रची है
मेरी प्रार्थना है हे ईश्वर!
इस भूख को हर लो
और
दें अपने चरणों में
समर्पण का सुख!

मैं मरा हर बार

मैं सदैव
हिस्सों में मरा
जब भी मेरे आस-पास कोई मरा
प्रत्येक मृत्यु ने मुझे क्षीण किया
मेरा जीवन टुकड़े-टुकड़े हुआ हर बार
मेरा अस्तित्व अंश-अंश
बिखरा हर बार!

हर फूल
जो मुरझाया
मैंने मृत्यु देखी उसमें
और मेरे अन्तर्मन में
कुछ मर-सा गया!

बसन्त आई
नए पत्ते खिले
पर पुराने पत्ते लौट कर नहीं आए।

जीवन की सीधी यात्रा में
कोई पुनरावृत्ति नहीं
कोई पुनर्जन्म कोई पुनरागमन नहीं
जो गए
सदैव के लिए खो गए
मृत्यु
जीवन को सदैव के लिए
नष्ट कर देती है।

क्या जीवन

चैतन्य लुप्त होते
कब्र के असीम सन्नाटे में
विपुलता से लौट आता है?
कोई नहीं जानता।

प्रकाश एवं शान्ति

अन्धकार में सोया
प्रकाश की आशा थी
स्वप्न में ही सही
मेरे जहन में
एक के बाद एक लाखों लौ जल उठीं
जब तक मेरी दृष्टि
खो न गई, स्वप्न में।

मैं चाहता था अन्धकार लौट आए
और इन रोशनियों को बुझा
बदल दे एक शान्तचित्तता में
तभी मैं देख, समझ पाऊँगा
उन असंख्य सत्वों को
रहस्यमयी पूर्णता में लिपटी
इन सभी स्वतंत्र अविभाज्य इकाइयों को।

प्रकाश हमें प्रज्वलित करता है
तभी जब अँधेरा हो
ब्रह्मांड भी तभी
पूर्णता में प्रकट होता है।

हिमालय में ग्रीष्म ऋतु

ग्रीष्म ऋतु आई
जमे वृक्षों की
बिना पत्तों वाली शाखाओं पर
झिलमिलाते तारों की तरह
नवजात कोंपलें फूट पड़ीं।

मानवता ने आँखें खोलीं
ताजे हरे, नर्म मुलायम
पत्तों और फूलों की बौछार में!

पुनरागमन के नियम क्या हैं?
निराशा के बाद आशा चक्र
हे ईश्वर! आप क्या निश्चित करते हैं
और क्या रोक लेते हैं?
कली को खिलने की
कितनी स्वतंत्रता
पूर्व निर्धारित ग्रीष्म मौसम में?

जैसे सृजन की माला में मोती
मौन संगीत एवं अधरों पर प्रार्थनाएँ
वृक्षों की टहनियों में जगमगाते तारे
सभी रूपान्तरित होते हैं
एक क्रम में।

जिन्दगी जाग उठती है
प्यार की उत्कंठा लिये
शाश्वत पुनआरम्भ में
आशा अंकुरित होती है पुनः

मधुमक्खियाँ मँडराने लगती हैं
फूलों के इर्द-गिर्द।

अर्थों की परतें

पटरी पर
मूँगफली बेचने वाला
शेयर बाजार के
पिरामिड बनाने वाला
और बिना पहचान वाले लोग
सड़कों पर दौड़ते
दाना-पानी के लिए
सभी उसी शहर में
वास करते हैं।

उनकी नजर में
शहर के
अपने-अपने अर्थ हैं
एक-दूसरे से भिन्न
उनके व्यक्तित्व
प्रायः टकराते हैं
एक-दूसरे से!
और तोड़ देते हैं दर्पण
टूटे दर्पण के
अलग-अलग अक्षों से
वो शहर को करते हैं
परिभाषित।

सभी प्रतिबिम्ब

टूटे, खंडित
आधी-अधूरी सच्चाइयों में
बिखरे
शहर के शिलालेखों पर लिखे
परत दर परत
और हर परत में निहित
कई-कई अर्थ।

जीवन के बारे में पूछिए उनसे
वे कभी कभार ही
मुस्कुराएँगे
टूटे बिम्बों पर बहसेंगे
तथा मुस्कराहट को
भी नकारेंगे।

कई अपनी हथेलियों में
चाँद छुपाए
उसकी सुरक्षा में
सारी-सारी रात देते हैं गुजार
बिना सोए
जब तक कि चाँद उनकी
खिड़कियों से न लगे झाँकने।

तो कई छिप-छिप कर
बहाते हैं आँसू
चाँदनी रातों के मौन में
जैसे चाँद
छुप-छुप के चमकता है
बादलों की ओट से
और अर्थों की परतें

बदल जाती हैं
पेचीदा गाँठों में।

मैं उड़ा आकाश में

मैं बार-बार
उड़ा आकाश में
इसके विस्तृत फैलाव में
जब थक गए मेरे पंख
मैं लौट आया धरा पर
जहाँ से मैंने उड़ान भरी थी
और पहली बार
निहारा था आकाश को।

शिकारी का तीर
आज मुझे भेद गया
मैं गिर रहा हूँ
आकाश से
अपने घर में नहीं
गिर रहा हूँ किसी अज्ञात स्थान पर
और जीवन खत्म हो रहा है।

आकाश में उड़ते हुए
मैंने सपना देखा
पृथ्वी की सभी
सीमाएँ तोड़ने का।

अब-जब गिर रहा हूँ
शून्य में

अनन्त और साफ हो गया है
मेरी बन्द आँखों के समक्ष।

यह अनन्त
धरा एवं नभ को
गूँथता है
करता है एक
जहाँ भाग्य शृंखला में बँधे
आप और मैं
जन्मते और मरते हैं
तो भी हम सीख जाते हैं
तीर से बिना डरे उड़ना
अनन्त स्वतंत्रता में!

तुम में

आप हैं वहाँ
मेरे और सभी के अस्तित्व की
डोरियाँ थामे
क्षितिज में
फूल में
मेरे दुःस्वप्न एवं उन्माद में
सागर और दरिया में!

मैं आपकी
महिमा एवं तेज से
अपरिचित
केवल जानता था
आप वहाँ हैं

हर एक के लिए
हर पल, हर जगह।

मैं अब बूढ़ा हूँ
अनेक मोह-भ्रान्तियों की बेड़ियों में जकड़ा
आप हैं खोये
ज्ञान एवं तर्क की
भूल-भुलैया में।
मैं नहीं जानता
आस्था
और आस्था के आचरण
केवल इतना समझता हूँ
धरा और आकाश पर
रूप और प्रतिरूप के मिलन में
मैं हूँ आप में विद्यमान
और ऐसे ही हर जीव
आप में है समाहित।

ब्रह्मांड का केन्द्र

मैं ब्रह्मांड
के केन्द्र में
संरक्षित पोषित
सुबह की ओस की
ताजगी में साँस लेता
निर्विघ्न विचरता
क्षितिज की अनन्तता में
बादलों में, तारों में
आकाश गंगाओं और ब्लैक होल्ज में

असंख्य आकारों में
और निराकारों में।

अब मुझे है विदित
ब्रह्मांड के अनगिनत केन्द्र
पर मैं हूँ
इसके गर्भ में स्थित
सुबह की ओस
कभी वाष्पित नहीं होती
न सूर्य कभी छोड़ता है चमकना।

ब्रह्मांड के
असंख्य केन्द्र
पर हम में से हर एक केन्द्र में स्थित

प्रकृति के अद्‌भुत नियम
हम सभी को करते हैं आजाद
और देते हैं अस्तित्व की आजादी
इस अद्‌भुत सृष्टि में
सबके साथ
केन्द्र में स्थित होने की।

अहम्

युद्ध स्थल में
योद्धा ललकारते हैं
एक-दूसरे को
द्वन्द्व के लिए
कौन जीता, कौन हारा

इतिहास भी है अनभिज्ञ!

युद्ध तलवारें नहीं
अहम् लड़ाते हैं
अहम् ही नष्ट होते हैं।
मनुष्य तो केवल मरते हैं

जो वास्तव में होता है
बेकाबू उन्माद के
जुनून में
उसका सच इतिहास को
न मालूम है
न बता सकता है।

ओह परमात्मा!
मेरे अहम् को चूर-चूर कर दो
पर इतना बचाए रखना
कि मैं जान सकूँ
तुम्हारी सशक्त इच्छा की अनन्तता
एवं अपनी इच्छा और जनून
की निरर्थकता को!

बेडौल शिला

यह शिला वहाँ थी स्थित
गाँव बसने से बहुत पहले

न समलम्ब न त्रिभुज
जिस कोण से भी देखो

असंगत एवं बेडौल
पर स्थायी एवं स्थिर।

वर्ष बीतते गए
लोग आए और चले गए
शिला की स्मृति
गहरे पैठ गई
सभी के दिलोदिमाग में।

सहसा ही
शिला की चर्चा
प्रत्येक के जीवन का
बन गई हिस्सा।

बावजूद असंगत रूप के
सभी लोग
शिला को मानने लगे

और यही अपनापन बन गया
शिला का सौन्दर्य, उसका अभिमान।

एक दिन बादल आए
बिजली कड़की
और ध्वस्त कर गई
शिला का एक भाग
सदा के लिए।

हतप्रभ गाँववासी
देखते रह गए
अपनी प्रिय शिला का

अंग-भंग
उनके दिल जार-जार थे
रो रहे थे खून के आँसू!

प्यार, लगाव
किसी आकृति एवं आकार का
मोहताज नहीं होता
प्यार उमड़ता है
अपनों के लिए
और यही बन्धन
प्रदान करता है उन्हें सौन्दर्य
इस प्यार को जो जानते हैं
उनके लिए
आज भी वो असंगत शिला
बसी है उनके हृदयों में सदा के लिए।

पीपल के पत्ते[1]

झड़ रहे
पीपल के पत्ते
गलियों में बिखरे
सिकुड़े, सर्वोत्तम रूपों के अवशेष
प्रकृति का वैभवशाली भव्य सृजन हैं ये

बसन्त में कोमल
हरे जर्द
हवा में फड़फड़ाते, आकाश में

---

1. पीपल एक अद्भुत उष्णदेशीय वृक्ष है। भारत में बड़ा ही पवित्र माना जाता है। बुद्ध धर्म के अनुयायियों के लिए यह बोधि वृक्ष है। जिसकी छाँव में भगवान बुद्ध को ज्ञान प्राप्त हुआ था।

पताकाओं की तरह
आनन्दित करते
जैसे ही होते
पीले और स्लेटी
गिर जाते
पीपल के पत्ते
धरा की अँधेरी गहराइयों में
खो जाते

जैसे मृत पत्ते
मूल गर्भ में समाते
उसी अगाध कोख से
जनमते नए पत्ते।

हे ईश्वर!
ये पत्ते आपके सृजन की
पूर्णता के प्रतीक
और आपके अनवरत विधि-विधान अनुसार
नष्ट होकर पहुँचते हैं
सृष्टि के गर्भ में
उस अमर निरन्तर काल चक्र में
पूर्णता के
चमत्कार की तरह
पुनः जन्मने को!

नदी किनारे बैठा बूढ़ा आदमी

कहीं तो कुछ
हुआ है गलत

कहाँ और कैसे
कोई नहीं जानता ?

दिन अस्त होने को आया
लोग मुस्कुरा नहीं रहे थे
टाउन हॉल में कोई
जुम्बिश नहीं थी
काफी हाउस भी बन्द
ओस कब की जा चुकी थी
दिन का बहाया पसीना भी सूख गया था
साइकिल वाला पटरी पर
बिना दोस्तों का इस्तकबाल किए
दौड़ाता रहा साइकिल
अपने सफर का आखिरी मील पूरा करने को।

मीठे दरिया का पानी
बासी हो गया था
सदैव की तरह नए को
पुराने ने बन्धुआ किया था
सहजता संकोच में बदल गई थी
जैसे अदृश्य झाड़ियों में
गुलाब मुरझाए
मौन गीत उत्तेजित नहीं करते
निराशा गहरी थी
सन्ध्या के मधुर गीत भी
जगाते सूर्यास्त की उदासी
कुछ कहीं गलत हो गया था।

नदी किनारे
बैठा था एक बूढ़ा आदमी

थका-माँदा और शिकन भरा चेहरा लिये
वो देख रहा था
सूखे दरिया को
दरिया
जिसमें बह रहा था नाम मात्र पानी
और वह स्वयं से फुसफुसाया
कहीं हुआ है कुछ गलत
पर मानसून पुनः आएगा।

मृत्यु एवं अमरत्व

जानता हूँ
मेरे हर कोशाणु
खून के हर कतरे में
मौत छिपी है
तो भी
स्वर्ग की ओर हाथ उठाया करता हूँ
अमरत्व के लिए।

मिट जाता है हमारा अस्तित्व
इसके अलावा
नहीं जानता
मृत्यु वास्तव में क्या है?
अमरत्व
मेरे तत्त्व ज्ञान से
परे की बात है
फिर भी मैं करता हूँ
इसकी कामना।

एक दिन मृत्यु
लील लेगी
मेरे सब कोशाणु
और खून का हर कतरा
हो जाएगा अन्त, मेरी
अमरत्व की लालसा का।

अमरत्व क्या है?
नहीं जानता
और यह जानते हुए भी
कि मृत्यु अटल है
मेरे अस्तित्व को
तलाश है अमरत्व की!

गिनती

गिनती सीखने के लिए
शुरू किया
मैंने तारे गिनना
न तारे खत्म हुए
न संख्याएँ!

अपनी जीवन सन्ध्या में
मुझे हुआ
संख्या विस्मृति का आभास
मैं भूल गया गिनती क्या थी
अपना कार्य
सितारे
भूल गया सब कुछ

सदा के लिए।

आकाश की तरह
जीवन में भी
गिनती का कोई स्थान नहीं
सारे क्षण
जिन्हें मैं गिन न सका
घुलते हैं एक दरिया में
जो अनन्त में जा मिलता है
मैं नहीं जानता इसका अर्थ
न मुझमें है वो साहस और विवेक
कि जिन्दगी के दरिया को
माप सकूँ, गिन सकूँ।

एक रात स्वप्न में दिखा एक झरना
और उसमें असंख्य सितारे
दमदमाते–चमचमाते
और मैं थाह ही नहीं पा पाया
उस अद्‌भुत नजारे की
आकाश में संख्याएँ नहीं होतीं
न होती हैं जीवन में
होता है सिर्फ
क्षणभंगुर जीवन और निरन्तरता
शाश्वत प्रकाश और अनन्तता में समा जाने की।

घास एवं मन्द समीर

घास एवं मन्द समीर में
फूल में, भौंरों में

धूप में, सितारों में
दीये में, आग में
हर्षोन्माद में सिमसिमातीं
हिलोरतीं जीवन तरंगें
हर ओर तुम्हारा जलवा।

बीमारी में परछाईं में
खलबली और अफरातफरी में
गरज एवं बरस में
मृत्यु और क्षोभ में
निहित हैं जीवन की मुस्कुराहटें।
ये जीवन की लहरें हैं
गूढ़, पर स्पष्ट
खुशी और गम पे सवार
आपकी रहस्यमयी रजा के क्या कहने।

मेरी मन क्षमता से परे
मेरी कल्पना से दूर
पर मेरे अन्तर्मन में
आप समाए
है मुझे विदित
किसी भी कथन और वर्णन से परे
मेरे मन की खामोशी में।

अपराध बोध

निरुद्देश्य
जैसे ही मैंने
हरी बाड़ पर

उछाला पत्थर
चिड़िया गिरी मृत
मेरा निर्दोष हृदय
भर उठा अपराध बोध से।

दरार सी पड़ गई
सदा के लिए
मेरी आत्मा में
और तोड़ गई
मेरे अस्तित्व की
अखंडता को।

जीवन के अनगिनत
दायरों में
पाप, परछाईं की तरह
आता है
जैसे हवा में विषाणु।

अपराध और पाप जीवन को
कर देते हैं उलट-पुलट
और जिन्दगी के आवेग ही
बदल देते हैं पूरा संसार।

मृत एवं जीवित

मृत्यु जीवन बिना
बेमानी
मृत घुल जाते हैं तत्त्वों में
जो आँखें देखतीं

और मस्तिष्क विचारते हैं।

मृत्योपरान्त हो जाते हैं आजाद
बन्धनमुक्त, बेफिक्र
मुक्ति और बन्धन
लगाव एवं चिन्ता
जीवन की सीमाओं में ही
सार्थक हैं।

कोई नहीं जानता
मृत्यु के बाद कहाँ चले जाते हैं
अनन्त ब्रह्मांड में
कहाँ हो जाते हैं विलीन
ये तो केवल सोच है मन की
जीवित जगत में।

मन की उड़ान पर कोई
बन्धन नहीं
मृतक एवं जीवित के बीच
विचरता मन
अज्ञात एवं दुरूह
ब्रह्मांड को
परिभाषित करने की करता है
कोशिश।
जीवन की पूर्णता तो
जीवन की गरिमा एवं रहस्यों में ही
है निहित।

विश्वास

जहाँ भावनाओं का आधिपत्य था
श्रद्धा की पवित्रता
विवेक एवं तर्क से अस्पृश्य
आनन्दातिरेक एवं आश्वासन की
रहस्यमयी पूर्णता थी
ऐसे मेरे अन्तर्मन में
आप रहते थे।

जैसे उम्र बढ़ी
विवेक एवं तर्क
चक्रवात की तरह
मेरी आस्था के उद्यान में कूदे
और अपने
भ्रामक वैभव
और सम्मोहक तर्कों के बलबूते
मेरे मन–मस्तिष्क पर छा गए

एक जीवन गुजर गया
उनकी असलियत का पता लगाते
तरसता हूँ
भावनाओं एवं विश्वास के
सुखी संसार में लौटने को
जहाँ मैं निहित हूँ आप में
और आप मुझ में और हर जगह
आप और मैं ब्रह्मांड से
एकाकार एवं अविभाज्य।

दीपावली

सर्दियों की मधुर शीतल शाम में
एक के बाद एक दीगे जलाते
कतार दर कतार
असंख्य टिमटिमाते दीयों की
झिलमिलाती रोशनियाँ
अन्धकार की चादर को चीरतीं
आकाश और सितारों तक
जा पहुँचतीं।

प्रत्येक दीये में जलती
भंगुर बाती का सौन्दर्य है
उसके जलने का हौसला
अन्धकार के चेहरे
एवं उसके अदृश्य वैभव को
उजागर करने का हौसला।

यह युद्ध नहीं
न प्रकाश जीतता
न अन्धकार घटता
दीये की रोशनी
अन्धकार की
शान्तमय गोद में
शरण लेती।
दोनों मिलकर बुनते
शानदार संसार में
जीवन का जादुई
तिलस्मी वातावरण।

चकाचौंध प्रकाश में भी
अन्धकार, ज्योति के बीच
रखता है प्रभुत्व
जैसे ही आँख बन्द कर
मैं खो जाता हूँ
अपने अन्दर के
शान्त मौन में
महसूसता हूँ
असंख्य दिव्य प्रकाशों का
सैलाब
अपने मानसपटल पर।

हे ईश्वर!
मुझे उस एकात्मकता में ले चलो
जहाँ होता है
अन्धकार एवं प्रकाश
का मिलन
अन्धकार, परम आत्मा
जिसमें खो जाते
समस्त आकार
केवल रहती है
एकात्मकता।

अन्धकार
सार्वभौम, सतत् कोख
जहाँ से
प्रकाश
आकार का सृजन करता है।

अन्धकार एवं प्रकाश मिलकर

अनन्त उत्पत्ति का उत्सव मनाते हैं
सूर्य, चाँद, आग की
परिधियों से परे
जहाँ प्रकाश एवं अन्धकार
का एकीकार हो
वही दीपावली है!

अपसर्जित मन्दिर में पूजा

सुबह सवेरे
एक बूढ़ा आदमी
चाँदी की तश्तरी में
सिन्दूर, फूल, चन्दन
अगरबत्ती एवं दीया लिये
एक उजाड़ जंगल, बियाबान में
खँडहर हुए, मूर्तिविहीन
मन्दिर की सीढ़ियाँ
चढ़ रहा था,
वहाँ से गुजरते
एक लकड़हारे ने पूछा,

'इस खाली मन्दिर में ये कर्मकांड क्यों?'
बूढ़ा आदमी बुदबुदाया,
'मैं पूज रहा हूँ स्मृति
उस देव की
जो यहाँ स्थापित थे
जब यह मन्दिर बना था नया
मैं स्मृति में जीता हूँ
और तब तक पूजता रहूँगा इस स्मृति को

जब तक शेष है मेरी स्मृति!
मृत्युपर्यन्त
मैं इस मन्दिर का
नहीं करूँगा परित्याग'।

सूर्यास्त हुआ
लकड़हारा लौटा
उसी रास्ते
जंगल से सूखी लकड़ियों के साथ
थका-माँदा
बूढ़े आदमी को
ढूँढ़ता
मन्दिर के अवशेषों में
सन्नाटे में
परन्तु नहीं मिला उसे कहीं भी।
सोचता है
शायद वह भी
बन गया है
स्मृति।

कसाई के पिंजरे में पक्षी

गंगा के सामने
बाजार में
कसाई के पिंजरे में
बन्द पक्षी
इन्तजार करते
कसाई की छुरी से कटने को
ग्राहकों की

लोलुप आँखों के सामने!

पिंजरे में कैद
प्रत्येक पक्षी
देख रहा
दूसरे की गर्दन कटते
जो, क्षणिक फड़फड़ाता
और हो जाता निष्प्राण।
नियति से कोई विरोध नहीं
कसाई की छुरी से
कटने को
उनका जन्म हुआ
पाला-पोसा गया
मृत्यु में लिपटे
उनके जीवन का क्या सपना
जो बने केवल दूसरों का
पेट भरने को।

हम सब पंक्तिबद्ध
भाग्य से त्रस्त
करते
कसाई की छुरी का इन्तजार
अपने ध्वस्त सपने लिये
बहती गंगा के समक्ष।

कृष्ण

संसार के मालिक
हमारे पिता

तुम्हारे दिव्य हाथ
हो जाते हैं, प्रकट
हमारे दुख, दर्द
हरने को।

आत्मा की अबूझ गहराइयों से
हृदय में स्वतः ही
जगाते हैं
श्रद्धा और प्रार्थना।

यद्यपि आप
हमारी पहुँच से दूर
कहीं दूर हो
आप हमारी
खुशी एवं आशा
दुख एवं भय के
कारक हो।

आप प्रयोजक हो
हमारी प्रार्थना के
इसकी तुच्छता के प्रमाण
प्राप्ति के आधार
या चमत्कार के सूत्र
या इन सभी प्रमाणों के प्रतिवाद
अपनी विस्मयकारी आकारहीनता के बावजूद
आकार का कारण भी।

मेरी आस्था एवं शंका में से
मेरी आशा पुकारती है
और मैं

हर आकार में
आपको खोजने, पाने में
करता हूँ अनुभव एक तृप्ति।

यद्यपि आप हैं पहुँच से अति दूर
तो भी मैं विनती करता हूँ
'नमो भगवते वासुदेव'**
हे भगवन्
मैं आपको नमन करता हूँ
आप रचयिता हैं।
हे ईश्वर!
मुझसे, मेरी भाषा में बतियाओ
मेरे ताप, मेरे कष्टों का हरण करो
मेरी शंकाओं का समाधान करो।

अपने चिन्तन के
अस्पष्ट आकाशमंडल में
मैं आपकी
सार्वभौम छवि
महसूसता हूँ
पर मैं आपके
जीवन्त
गरिमा, वैभव एवं करुणा से ओत-प्रोत
मनुष्य रूप की कल्पना करता हूँ।
उसके सम्मुख बहुत सुरक्षित
महसूस करता हूँ,

** ये शब्द लोकप्रिय भजन से हैं और संस्कृत में इनका अर्थ है भगवान कृष्ण के समक्ष नतमस्तक। भगवत एवं वासुदेव भगवान कृष्ण के ही नाम हैं।
श्रीकृष्ण, हिन्दू धार्मिक कथाओं के अनुसार परमात्मा का रूप हैं, जो मानव रूप में इस धरा पर जीये, हिन्दुओं की मान्यता के अनुसार वे भगवान विष्णु का अवतार हैं।

मैं जानता हूँ आपकी भाषा
न शब्द हैं न ध्वनि
आपका सर्वव्यापी ज्ञान
स्वर, मौन एवं अन्तरिक्ष की परिधियों से परे है।
तो भी मैं
प्रार्थनारत हूँ

कि आप अपने बोल
मेरे हृदय से कहें
जो मैं अपनी सीमाओं में रहकर
आत्मसात् कर सकूँ।

पाप

मृत्यु के साथ ही
समाप्त हो जाएँगी
समस्त इच्छाएँ
जुनून, प्यार
सरोकार और परवाह।

आप के द्वारा सृजित शरीर
जिसका नाश निश्चित है
उसमें प्रवाहित
तृष्णाओं एवं इन्द्रिय सुखों के लिए
फिर इतना शोर क्यों?

ये असत्य कैसे
अगर यह हैं
जीवन के अभिन्न अंग

जो जिन्दगी को देते
अर्थ एवं गति
ये पाप कैसे
और क्यों लिखे
धर्म लेख इनके विरुद्ध
बिजली और वर्षा
के प्रति प्रतिवाद कैसा?
ये मायावी नहीं
तुच्छ नहीं
जीवन के अनन्त खेल में
किसने पाया अमरत्व
संसार हर समय हर जगह
निरन्तर परिवर्तनशील
और ये सभी विधाएँ
हो जाती हैं, समाप्त
शरीर के साथ ही।

जीवन के अर्थों से
कहीं अर्थपूर्ण है
जीवन
उसके निरन्तर परिवर्तन एवं बहाव में
बोध एवं लालसा भी
जीवन की तरह ही
हैं सत्य एवं पावन
जीवन यात्रा की सत्यता में
विश्वास न रखना
हृदय झंकारों को नकारना है।

जीवन वही
जो हम वास्तव में जीते हैं

पापमुक्त
अपनी लालसाओं की तुष्टि
पवित्रता में।

जीवन है साथ-साथ
सभी इच्छाओं की पूर्ति
सामन्जस्य से।

सामन्जस्य ही
जीवन है, सौन्दर्य है
और जीवन की
इस एकताल सुसंगत में
कुछ भी
अपवित्र नहीं।

दिव्य उदासीनता

कई वर्ष पहले
फूलों के सिंहासन पर आरूढ़
मैंने आपको
मन्दिर में देखा
आपकी छत्र-छाया में पूरी तरह से
सुरक्षित एवं भयरहित।

आयु के साथ
ज्ञान हुआ
कि आप मन्दिर में नहीं
सर्वत्र विद्यमान हो
धरा, पानी और आकाश के

अनन्त फैलाव में।

जीवन के दुख, डर
बीत जाते
पर आप हमेशा
वैसे ही सर्वत्र विद्यमान
उदासीन।
आपकी दिव्य उदासीनता
सभी डरों से सर्वोच्च
हालाँकि मुझे ज्ञात है
कि मनुष्य की
नश्वरता दुख, मृत्यु एवं दर्द
के माध्यम से ही
सिद्ध होती है आपकी अनन्तता।
आपकी दिव्य उदासीनता
के बावजूद
एक इच्छा जगती है
एक आशा जन्मती है
जो जीवन की उथल-पुथल
को अर्थ देते हुए
आपकी रहस्यमयी उदासीनता
छूना चाहती है।

मैं जानता हूँ इस निर्विवाद सत्य को
अनन्तता आपका फूलों का सिंहासन है
फूल, मेरे भय और पीड़ा के
आपके वैभव और विजय के
हैं मेरी सोच से दूर बहुत दूर।

आकाश और झरोखा

मेरा आकाश मेरा झरोखा
या कहूँ मेरा झरोखा मेरा आकाश
छोटा या बड़ा
क्या फर्क पड़ता है!

रक्तिम और काला
सुबह और शाम
आकाश के बहुरंग
भरते हैं मेरे जीवन में
इसी झरोखे से।

आँखें मूँदते ही
झरोखा गायब
और सारा अन्तरिक्ष समा लेता है
मुझे अपने भीतर।
आकाश की विशालता
मुझ में निहित
झरोखे बिना,
मेरी सीमाएँ हो जाती हैं अदृश्य
और महसूस करता हूँ
अनन्त को अपने भीतर
आँखें मूँद
आकाश को निहारते।

अनन्त सौन्दर्य का आभास
मुझे भीतर तक भिगो जाता है
मैं आँखें मूँदे लौट आता हूँ
अपने झरोखे पर

अपने अन्तर्मन के सौन्दर्य को
आत्मसात करने के लिए।

मैं मर कर भी कभी नहीं मरता

कहीं मेरे भीतर
निहित आवाज
कराती मेरे अन्त का आभास
यह आवाज सदा से भीतर
प्राय: मैंने नहीं सुनी
कभी सुनी भी
तो नहीं की परवाह।

मेरे जन्म से
धरा के उद्गम से
यह आवाज थी, रही हमेशा
केवल, मैंने नहीं सुनी।

डर था
अपनी मृत्यु का डर
इसलिए नहीं सुनी
वास्तव में सुनी तो थी,
जानता हूँ
मेरे बिना मेरे चारों ओर
कोई संसार नहीं
यदि मैं न देख सकूँ
और न कर सकूँ महसूस
तो मेरा संसार भी समाप्त।

अब आवाज का संकेत
मेरे कानों में बज रहा
इतना ऊँचा, अजय एवं स्पष्ट
प्यार एवं डर की परिधियों से दूर
सन्ध्या भी मेरे दिन का
और रात मेरी रोशनी का
एक हिस्सा है
अगर मृत्यु आती है
तो अन्धकार एवं प्रकाश से परे
मैं समा जाऊँगा अनन्त में।

मैं हमेशा रहूँगा
दुख-सुख से परे
यह संसार
मेरे अटूट अमरत्व का ही
सम्भाग है।
शरीर की पहचान मिटते ही
मैं
शाश्वत परमात्मा में
हो जाऊँगा लीन।

उसके उपरान्त
न कोई अन्त
न विराम
कोई असंगति नहीं
जीवन संगीत में
मैं मरकर भी
कभी नहीं मरता।

बुद्ध

देवी माँ के स्वप्न में
हाथी कमल लेकर आया
और बुद्ध ने
माँ के गर्भ में
प्रथम साँस ली।

अँधेरा छँटा
ज्योति चमकी
जैसे मिली हो
बीमार को स्वस्थता
अन्धे को आँखें
बुद्ध का जन्म हुआ।

क्षणिक तंद्रा
दुख घिर आए
इन्हीं दुखों का मंथन कर
बुद्ध को हुआ
ज्ञानोदय!

संसार
इच्छाओं में गुँथी
दुख की गठरी है
संसार के प्राणी
इच्छाओं के ज्वलंत प्रतीक
इच्छाओं बिना
जीवन कैसा?

हाथी, कमल और भ्रूण

ज्ञान, खुशी एवं आनन्द
यहाँ तक कि
शान्ति एवं दया भी
सभी कामनाएँ हैं, तृष्णाएँ
तृष्णा जोड़ती है
एक मनुष्य को दूसरे से
उसी से है जन्मता संसार।

तृष्णा ही
आग एवं प्रकाश है
जो प्रज्वलित करती
मन-मस्तिष्क
बुद्ध का
ज्ञानोदय भी।
इच्छा का साक्षात्
प्रतिरूप है
पर बिना प्रेम
ज्ञानोदय कैसा?

प्रेम यदि पीड़ा है
पीड़ा तृष्णा है
प्रेम परित्याग
माँगता है
परित्याग कामना है
अभिलाषा मुक्ति है
आन्तरिक अक्षमताओं के
घटियापन से
जो निरन्तर जीवन में घुटन का कारण है।

जीवन शक्ति के विद्रोह में

इस बन्धन को तोड़ना ही इच्छा है
इच्छा के साक्षात प्रमाण हैं, बुद्ध
बोधिसत्व!

दो पक्षी

दो पक्षी
एक वृक्ष की डाल पर बैठे
एक पक्षी
खा रहा है
दूसरा केवल
देख रहा है
एक गा रहा है
दूसरा चुप
एक, पर फड़फड़ा रहा है
दूसरा चुपचाप आकाश की गहराइयाँ रहा है निहार
तो भी दोनों साथ
धरा की उत्पत्ति से ही
दोनों साथ रहे।

कभी मन्द समीर में
एक गाता, नाचता
दूसरा बैठता
नि:शब्द
तूफानी रातों में
एक डरा सिकुड़ा
और दूसरे को
छू न सका भय
ये कैसा जोड़ा है।

एक, कँपकँपाती बाती की तरह
एक स्वयं ज्योति की
कल्पना की तरह
एक उज्ज्वल
घटती बढ़ती
दूसरी स्वयं ज्योति।

एक संगीत की धुनों की तरह
दूसरा दिव्य संगीत
जहाँ सभी संगीत
समा जाते हैं
शाश्वत मौन की ध्वनियों में।

ये दोनों पक्षी
एक हैं
आपमें और मुझमें
एक कर्ता
दूसरा कार्य का साक्षी
एक अभिनेता
और दूसरा
जैसे आलेख की आत्मा।

जोड़ों में ही
संसार की पूर्णता है
जैसे नदी एवं उसका बहाव
मिल कर बनाते हैं
एक पहचान।

जड़ें

जीवन यात्रा में
बढ़ाया हर एक पग
मुझे पीछे ले जाता रहा
वहाँ–जहाँ से यात्रा प्रारम्भ की
सभी अर्थ
मेरे उद्‌गम में निहित हैं।

लम्बी जीवन यात्रा
सुख–दुख से भरी
हर पग पर
उत्सुकता
हर बाधा
चिन्ता का कारण
अपने उद्‌गम की सुरक्षा का संकेत।
जीवन सन्ध्या में
लालसा
कि मैं अपनों में
लौट जाऊँ
उन अपनों में
जिन्होंने मुझे दी थी विदा
जब मैं चला गया था उनसे दूर
लौटूँ और जाकर उनसे बाँटूँ
अपने जीवन के अनकहे किस्से।

पर मेरी कहानी सुनने वाला
कोई नहीं बाकी
मेरे पूर्वज नहीं रहे,
कुछ कहते हैं

केवल जीवन ही सत्य है
पर जीवन यात्रा शुरू ही क्यों हुई?
सभी अपनों से
इतनी दूर!

खोई मुक्ति

ट्रैफिक लाइट पर
रुकती है मेरी कार
एक पीली आकृति
स्वप्न रहित आँखें
जिन्दगी के बोझ से दबी
फैलाती है अपना हाथ
भीतर कुछ टूट जाता है हमेशा के लिए...

मेरा दान
अर्धमूर्च्छा की तरह
मेरी संवेदनशीलता को
कर देता है शान्त
और मैं जीवन के
आमोद-प्रमोद में मस्त हो जाता हूँ।

परन्तु रह-रह
जब यह परिदृश्य
मस्तिष्क में कौंधता है
तो बिखर जाता हूँ
वो झीनी सी कागजी चादर
जिसमें लिपटी हैं
मेरी खुशियाँ

तार-तार हो जाती है
और उभार देती है
मेरे अस्तित्व के नासूर।

इस अन्तराल में
टूट जाता है मन का दर्पण
और चिथड़े-चिथड़े हुआ मैं
करता हूँ विलाप
अपनी खोई मुक्ति पर।

खेल जारी है

सूना हो रहा जीवन
एक-एक कर
बिछुड़ गए संगी-साथी
जीवन का सूर्य
अस्त होने को है।

नए खिलाड़ी
आ गए हैं
उसी मैदान में
खेलने को तैयार
नया खून लिए
धमनियों में
सूर्य पुनः चढ़ आया आकाश में
सूर्यास्त नहीं रहा।

सूर्य उगता-डूबता
और कालचक्र का यह

रहस्यमय खेल
चलता निरन्तर।

एक अकेला घोंसला

दो पक्षी
निर्जन एकान्त में
पत्रहीन वृक्ष पर
एक अकेले घोंसले में
रहते
तो भी
खुश एवं मुक्त।

फलहीन वृक्ष के प्रति
उनका प्यार
हमेशा रहा गहरा
कभी न डगमगाया।
धूप एवं हवा का
डर नहीं
पत्रहीन पेड़ के
प्रेम में थी
उनकी आस्था एवं मुक्ति।
उन्होंने सही
सभी चुनौतियाँ
और मौत भी
उस प्यार को डिगा न सकी।

सूखे हरे पत्ते
सभी चले गए

फूल, पत्तों की
स्मृतियाँ भी
धुँधला गईं।
कभी बड़ा छायादार
वृक्ष था
अब उसकी छाया तक
लुप्त हो गई।

घोंसले से
देखते थे
घोंसले के तिनकों से परे
कहीं दूर
तारों भरी रातें
अन्तहीन आकाश
खोजते थे पक्षी
प्रेम का उद्‌गम
मुक्ति एवं आस्था का मूल।

दोनों पक्षी
लिपटे रहे एकाकी घोंसले में
वृक्ष के प्रति
अपने प्रेम को व्यक्त करते
धैर्य के मर्मांतक उन्माद में।
ब्रह्मांड भी
उनके मूक संगीत पर
थिरकता
श्रद्धा एवं सच्चाई से
ओत-प्रोत
यह अथाह प्रेम ही है
असली मुक्ति का प्रतीक।

जो जीते एवं
पनपते हैं
असीम धैर्य में
उनके लिए मृत्यु,
भी हो जाती है बेमानी
मुक्ति वह आस्था एवं प्यार है।
मुक्ति का अभिप्राय है
दुख सहना, धैर्य रखना
प्रेम बरसाना
और ब्रह्मांड को भी
जीवन शक्ति प्रदान करना।

भय

भय के लिए
गर्जन-बिजली
आवश्यक नहीं
भय तो मेरे
रोम-रोम में समाया है।

धीमे-धीमे पर निश्चित
समाप्ति की ओर बढ़ते कदम
मोड़े नहीं जा सकते
कभी खिले सुगन्धित फूल थे जो
अब कूड़े के ढेर में
सड़ रहे
मेरा भय है स्वयं जिन्दगी का
और विनाश की ओर बढ़ने का।

हे प्रभु!
आप क्यों सृजित करते हो
जीवन एवं सौन्दर्य?
और प्रतिपादित करते हो क्यों?
कठोर नियम
इन्हें नष्ट करने के?
तो भी
भय से सन्तप्त
इस नश्वर संसार में
मैं आपसे प्यार करता हूँ
आपकी असीम सृजनशक्ति के लिए
उन अनवरत नियमों के बावजूद
जिनके तहत सब नष्ट हो जाता है।

जानते हुए कि मेरे जीवन के साथ
हो जाएगा समाप्त
आपके प्रति मेरा प्यार
तो भी हे ईश्वर!
निर्भय हो मैं करता हूँ
आपसे प्यार!

अन्तर

मैं क्यों
एकमत नहीं होता?
मैं नहीं जानता
यदि समस्त मानव मस्तिष्क
आप सृजित करते हैं
तो भिन्नता

कहाँ से उपजती है?
मुझे सबसे प्रिय
मेरा अपना अहम्
इस भिन्नता के चलते
मेरे अपने ही संसार का
करता विनाश
भिन्नता ही तो करती
मुझे परिभाषित।

अपने अहम् की पराकाष्ठा पर
मैं लालायित हूँ
ब्रह्म दर्शन को
सभी दूसरों को पछाड़कर
समस्त मानव मनों में
अनन्त द्वैत कम्पायमान है
किसी समुद्री तूफान की तरह
जिनकी सामूहिक गति को ही
कहते हैं जीवन।

मैं दृढ़ हूँ अपनी असमानता पर
पर चाहता हूँ
सामंजस्य
और अपने
उत्कृष्ट अहम् के
मन-मन्दिर में रहकर
सार्वभौम में लीन होना चाहता हूँ!

संघर्षरत हूँ निरन्तर
तो भी दूसरों से
हार जाना चाहता हूँ

ताकि अन्ततः मैं जीतूँ
केवल मैं
और विलीन हो जाऊँ
सार्वभौम सत्य में!

दिवंगतों के लिए

जब बन्द आँखों के पीछे
विचार अश्रु बहाते हैं
और हृदय होते हैं
रक्त रंजित
ध्यानरत शून्य में
हम अपने ही दिमाग में
तलाशते हैं
अनन्त के छोर।

दिवंगत कभी
हाड़-मांस में नहीं लौटते
वे रहते हैं केवल
स्मृतियों एवं स्वप्नों में
उनकी स्मृति में बहते आँसू
दिल के घावों को
देते हैं सांत्वना।

कहीं कभी
उभरती एक आशा
जैसे, ब्रह्मांड के
अनन्त एकान्त से कुछ कहती
और अगले ही पल

लुप्त हो जाती
जीवन के क्रूर सत्य में।

अन्तर्मन निराशा से
विलाप करता
दिवंगतों की यादें
हो उठतीं ताजा
मन के मौन में
कौंधती छाया की तरह
हल्की पर प्रचंड
जीवन निरन्तर चलायमान
स्मृति, लालसा, आशा एवं मौन की
पटरियों पर
अलोप आत्मा की खोज में।

पूर्णता

तुम निपुण हो
सम्पूर्ण एवं भरपूर
जीवन प्रवाह
लगातार करता है
क्षीण करने का यत्न
तुम्हारी पूर्णता को
तो भी तुम दो
सदैव परिपूर्ण।

पानी से लबालब भरे
उस बर्तन की तरह
एक बूँद की भी

नहीं शेष जगह जिसमें।
जलप्रलय
समस्त सागरों को कम्पित कर दे
तो भी बर्तन
भरा रहे पूरा
उस आग की तरह
जिसकी अनन्त लपटें
एक जैसी विशाल
कभी न हों क्षीण।
तब भी मैं देखता हूँ अपूर्णता
चारों ओर
दुखी हृदय, आहत भावनाएँ
विचार में, भाषा में
सत्य में, असत्य में
सब आप ही द्वारा सृजित
पर प्रत्येक अपने
किसी न किसी रूप में अपूर्ण।

इस अनन्त पूर्णता में
आपने कैसा
अनोखा संसार बसाया
जहाँ पूर्णता के स्वामित्व में
अपूर्णता प्रवाहित है।

वसन्त

चिड़ियों का चहचहाना
जब मन्दिर की घंटियों
को मन्द कर दे

तो आगमन, वसन्त का
कलियाँ, पत्ते और फूल
खिल उठें चहुँओर
और लौट आए निराश चेहरों पर हँसी
आनन्द का सागर
ले हिलोरें।

अस्पताल के रोगी कक्ष की
अधखुली खिड़की से
अदृश्य फूलों की सुगन्ध
रोगियों तक पहुँचे
और मौत की छाया में
मिलने लगे जीवन संकेत
स्वप्न हो प्रस्फुटित
तो आता है वसन्त।

सफेद अरक्त हाथ
घिसट रहे जीवन के निर्मोही पथ पर
सर्दी के पंजों से जूझते
यकायक जोश में भर उठें
और जीवन के मेले में
शामिल होने को हो उठें
लालायित,
तो आता है नवीयन का त्यौहार।

नवीयन जो लौटता है
ऋतु चक्र के बदलने से
इतिहास नए पन्ने पलटता है
अपने आप को समझे बगैर भी।

ब्रह्मांडीय पहेलियों के
रहस्यमय
आवरण में पिस कर
जीवन का जिज्ञासु भँवर
जब करता
नवजीवन का उद्घोष
तो आता है वसन्त।

कालचक्र की क्रूर विजय
के बावजूद
सूखे पत्तों के नीचे
जब कामना उपजती है
तो आता है वसन्त।

कितने स्वरूप

कितने रूपों में
देखता हूँ तुम्हें
प्रतिदिन-प्रतिक्षण
तो भी करता हूँ अनवरत
तुम्हारी कामना।

सृजन के
थके इतिहास की तरह
सत्य की खोज में
समय के पीछे भागते
शिलालेखों एवं गिरजाघरों
स्मारकों और अवशेषों के मध्य
शून्य स्थानों पर

अपने अन्तर्तम के
प्रत्येक कोने में गुंजायमान
गाए अनगाए स्तुति गानों की
प्रतिध्वनियों की गूँज।

इन सब के माध्यम से
मैं न जान सका
न तुम्हें, न तुम्हारी आवाज को
मेरी अपनी ही आवाज
तुम्हारी आवाज बन
लौट आई मेरे पास
तुम्हीं हो वो आवाज
तुम्हीं हो वो तलाश
वो थकान व स्वप्न भी तुम
तुम केवल तुम
इस यात्रा का कोई अन्त नहीं।

ये सभी स्वरूप
जो मैं देखता हूँ
सदैव देखता रहूँगा
मृत्यु एवं सृजन के
अन्तहीन चक्रों से होता हुआ
अनवरत
तुम्हारी
अति दिव्य छवि
जो सुगन्ध एवं संगीत से
चित्रित है, मेरे अन्तर्मन पर अंकित है
अहम् ब्रह्मास्मि!

माँ

रात को हुआ
माँ का देहावसान
और सुबह दी
चिता को मुखाग्नि।
अर्थी को कन्धा देने वाले
समुद्र में डुबकी लगा रहे थे
मंत्रोच्चारण कर
अमरत्व की
प्रार्थनाएँ करते हुए
भूल गए
कुछ ही घंटे पहले हुई थी मृत्यु
जैसे ही चिता की अग्नि प्रदीप्त हुई
विस्मरण सा हो गया सभी कुछ।

मेरे पिता,
दुख मना रहे थे अपने एकाकीपन में
प्रार्थना भी नहीं
कर पा रहे थे
उनकी आत्मा को
प्रार्थना की
निरर्थकता विदित थी
आकाश में
चाँद की तरह।

तो भी, हे ईश्वर!
मैं उद्विग्न हूँ
यह जानने के लिए
कि वास्तव में

माँ होती क्या है ?
माँ के प्यार का अहसास
व्याप्त है
धरा और आकाश में
और इस प्यार को
मैं किसी भी अमरत्व
ज्ञान एवं विवेक के ऊपर
दूँगा तरजीह !

अपराह्न

अन्धकार के गर्भ से
किरणें उत्सर्जित होतीं
चारों ओर होता प्रस्फुटित
प्रभात !

सुबह की किरणें
तीव्र होते ही
पद्‌चाप शुरू हो जाती है
पथों पर
और पुनः चल पड़ती
जीवन की गाड़ी।
दोपहर का सूरज चमकता
पेट में आग, भवों में ताप
काम के जुनून में तेजी
चिन्ताओं में उबाल
गन्तव्य पकड़ से फिर भी दूर।

अब अपराह्न में

सूरज ढलते ही
पथों पर
पदचाप पड़ जाती
मद्धिम।
आग उगलता सूरज
हो जाता क्षीण
अन्धकार छा जाता
आँखों के सामने
अन्तर्तम तक
तभी कोई किरण
दूर कहीं से देती संकेत
घर की ओर से आते
संगीत का!

ब्रह्म रथ

हे ईश्वर!
जब आप के
रथ के पहिये
अग्रसर होते
ब्रह्मांडीय अनन्त में
प्रेम पथ
स्वयं उभर आते
आकाश के
अन्तहीन शून्य में
और आपकी वृहद् अनुकम्पा
मुक्त करती हमें अपनी निरर्थकता से।

हर क्षण आपके

रथ के पहिए
गतिमान
सितारों और ग्रहों के ऊपर
हमारी नसों एवं धमनियों में
समय और अनन्त की
परिधियों से परे
मेरा मन
आपकी विराटता
ग्रहण करने को उत्सुक
पर लौट आता हूँ मैं
अपने विफल ज्ञान की
सीमाओं में
आपके श्री चरणों में
अतिश्रद्धा से शीश नवाए।

आपके प्रति मैं आप जैसी अनन्तता
विराटता प्राप्त करने के बजाय
लीन अपने निर्विवाद प्यार एवं श्रद्धा में
जीना चाहूँगा!

आकाश का टुकड़ा

मेरी खिड़की से
आकाश का एक टुकड़ा
चौखट में जड़ा
पर खंडित
मुझे ले जाता है
आकाश की अनन्तता के
छोर तक

और जैसे ही
चौखट गायब
खंडित धुँधली
मैं अपनी आँखें
मूँदता हूँ
अनिच्छुक नींद के लिए
मेरी अनिद्रित आत्मा में
खलबली मच जाती है।

इसी ऊँघ में
मैं देखता हूँ स्वप्न
कि सभी विस्तीर्ण
आँखों वाली अनिद्रित आत्माएँ
नींद के लिए
माँग रही हैं भीख
जैसे ही खोलता हूँ आँखें
सभी आत्माएँ हो जाती हैं अदृश्य!
देखता हूँ
आकाश के अन्तहीन विस्तार में
सजा है बिस्तर
विस्मित हूँ
अनिद्रित आत्माएँ कहाँ चली गईं?
जब कि साथियो
बिस्तर लग चुका है।

मृत्यु अब कोई भय नहीं

बच्चे को
डराते हैं स्वप्न में

राक्षस, नरभक्षक एवं डायनासोर
हम बड़े होते हैं
मृत्यु के डर में
लोग नित्य ही
जीते और मरते हैं
हमारी आँखों के सामने।

भय गिरगिट की तरह
कई रूपों में आता है
और बैठ जाता है मन में
बिच्छू की तरह।

भय क्षणभंगुरता का
उन सब पलों की
जो संजो रखते हैं हम जीवन में
सत्ता के, यश के, प्रसिद्धि के पल
और हमारे शरीर में होने वाले क्षय का भय

आत्ममोह का डर
सिद्धान्तों के
ह्रास का डर
फिर व्यर्थ जीवन जीने का डर
अपनों की मृत्यु से
आने वाली शून्यता का डर।

पर अब मृत्यु का डर कैसा?
यह तो सभी डरों से
अन्तिम मुक्ति है।

हे ईश्वर!

मुझे
अभयदान* दो
जीवन में, मृत्यु में
ताकि मैं
आप द्वारा रचित
सुन्दर संसार में
भय मुक्त जी सकूँ।

संगीत

अनिद्रा ग्रस्त
अँधेरी रात में
एकाएक रुक जाता है
मेरा म्यूजिक प्लेयर
और मुझे सुनाई देता है
दूर अज्ञात छोर से आता हुआ
संगीत।
धरा का, आकाश का
सर्वत्र व्यापक
विस्मय था इसमें
शायद कुछ शान्ति
पर एक व्याकुलता
अपनी मनचाही धुनों
की अनिश्चितता को लेकर
मेरे मन में
खलबली और गहरा जाती है।

---

* 'अभय' का संस्कृत में अर्थ है भयमुक्तता। भय से मुक्ति भारतीय दर्शनशास्त्र में आध्यात्मिक प्रगति का लक्ष्य है।

तभी खोलता हूँ आँखें
आकाश दिखता
है खंडित
और मेरा छोटा-सा बसेरा
जहाँ मैं रहता हूँ
सुरक्षित
अपने आकाश की
अनन्त शान्ति में
धरा का आदिम संगीत
अपने नित जीवन के कोलाहल में
मुझे सुनाई नहीं देता।

एकात्मकता

अपने जीवन की
मर्यादाएँ एवं सीमाएँ
विदित थीं मुझे
जब तक मैंने सीख नहीं लिया
मुक्त गगन में उड़ना!

वहाँ से देखा
सब एक हैं
नीचे एक धुँधली विशालता में
सब एक-दूसरे में समाहित
प्रकृति के सतत
गर्भाशय में
मैं उतरता हूँ धरा पर
समस्त भिन्नता का अन्त हो जाता है।

मैं
अब उड़ना चाहता हूँ
गगन में
सदा-सदा के लिए
किसी भी ऊँचाई से ऊपर
हिमालय की चोटियों
सितारों और ग्रहों से भी ऊपर
उस सर्वोच्च
एकात्मकता में।

विस्मरण

आपका वृहद् स्वरूप
मेरे सुन्दर दरिया में
बाढ़ की तरह
उफनता है
पर मैं
नदी किनारे
अपनी कुटिया को
पकड़े रखता हूँ
और जीवन जीता हूँ।

कैसे लिपटा रहा मैं नदी से
और भूल गया बाढ़ को?
जानता हूँ
नहीं जा सकता
अपनी नदी से दूर।

बाढ़ अब थम गई

सुन्दर नदी पुनः बहने लगी
उसी शान्तचित्तता एवं वैभव से।

मेरी दृष्टि

अर्ध रात्रि
एक देवदूत
स्वप्न में आए
और लूटनी चाही मेरी दृष्टि।
मैंने सोचा
जीवन में
वैसे भी हैं, कितनी परछाइयाँ
एवं घनी रातें
मेरी आँखें ले
देवदूत
निःसन्देह मेरे ऊपर कोई
कर रहे हैं कृपा।

देवदूत को तरस आया
कहा, 'दृष्टि अद्‌भुत नियामत है
सृजन का सौन्दर्य देखने को
इस दृष्टि के पीछे
की दृष्टि ही है
संसार का सार, सत्य।

इसकी भव्यता देखने के लिए
इन आँखों का महत्त्व नहीं
तुम रखो अपनी आँखें
मैं तुम्हारी दृष्टि नहीं लूँगा।'

जैसे ही मेरी आँखें खुलीं
वहाँ नहीं था कोई देवदूत
सचमुच कायरता है
जीवन के रास्तों पर
आँखें बन्द कर लेना
आँखें खुली रखना और कर्म करना
इसे ही कहते हैं जीवन को भरपूर जीना
देवदूत भी रखते हैं आँखें सुरक्षित
देखने के लिए
और दृष्टि के पीछे की दृष्टि
कर्म करने के लिए।

खँडहर और रात

आधी रात
वो, मुझे मिलने आया
जब मेरा संसार
अन्धकार की चादर में
छुपा था।

मैं चाहता था
कि वो
लौट जाए
सुबह होने से पहले
समय द्वारा नष्ट
मेरी जीर्ण-शीर्ण
समृद्धि
देखने से पहले।

परन्तु उसके सान्निध्य में
समझदारी कर दर किनार
मैं उससे
बतियाता चला गया।

और सुबह कब आई
मुझे पता ही नहीं चला
अब न वो था न मैं
थे केवल
अतीत के अवशेष
उदास–अनावृत्त।

वे खंडहर
आज भी वैसे ही स्थित हैं
समयचक्र से जूझते।

समय के अपने अनोखे नियम
जिन्हें पड़ता ही है
निभाना,
आज भी वैसे ही
जैसे होता आया है
हालाँकि, हमारी मानसिक चेतना से परे
इन खँडहरों का
कोई औचित्य नहीं।

वर्षा

आकाश से
बरसाते हैं, मेघ,

बारिश
असहाय खिड़कियों पर
पौधों पर
झुलसती आग में
प्रायश्चित की तरह
वर्षा देती है
जीवन दान
उसकी इनायत की तरह।

धरा स्वयं
चढ़ गई मन्दिर की सीढ़ियाँ
और प्रभुचरणों में
हो गई पुनर्जीवित
अफरा-तफरी
बदली सुव्यवस्था में
और जीवन को मिले, ब्रह्मांडीय अर्थ।

छोटे-छोटे पत्ते
जग उठे
व्योम की पूर्णता में
और जीवन हो उठा शोभायमान!

सत्य

क्षितिज में कहीं दूर
रहता है सत्य
बादलों से ढका
भाग्य की परतों के पीछे
उदित हैं

इसकी किरणें
इसकी भव्यता पता है सबको
पर इसकी प्रतिमा
नहीं देखी किसी ने!

सतत संघर्षरत
मेघाच्छादित आकाश से
क्षण-क्षण
और ज्यादा प्रकाशित होता
आकाशीय परछाइयों से
संघर्ष करते हुए
इसका युद्ध घोष है अजेय।
चुभती है
सत्य की आँच
चोर मन में
मन के आकाश में
सभी विधानों में
निहित है
सत्य, असंख्य रूपों में।

सत्य है
तो बादलों का क्या अस्तित्व?
ले लेता है सत्य बादलों को भी
अपनी पूर्णता की
दैवीय झीनी चादर में।

पिता

जीवन के हर दोराहे पर
मेरी निरुद्देश्य घुमावदार जिन्दगी को

आप सदैव दिखाते रास्ता
और रखते इसे
संरक्षित।

जब-जब मेरी आत्मशक्ति
होती क्षीण
और मैं रोता कष्ट में
आप छुपा लेते, अपने आँसू
आँखों में
ताकि मेरा हौंसला और आशा बनी रहे
आप मेरे अन्दर
बहते रुधिर बन
ताकि मेरे
होंठों की मुस्कुराहट बनी रहे!

जिन्दगी की कशमकश में
आप झेलते रहे
कष्ट अकेले
ताकि मैं ले सकूँ
जीवन की सुख-सुविधाओं का आनन्द।

जीवन के दोराहों पर
दिशाहीन जीवन को
संरक्षण देते आप
हमेशा करते मेरा मार्गदर्शन!

मैं हूँ
प्रत्यक्षदर्शी
आपके कष्टों एवं संघर्षों का
और आपके साथ

मैंने भी चुपचाप और गहराई तक
सहा आपका दुख।
मेरा शरीर एवं आत्मा
व्यथित थे
आपकी दशा से
इस क्षणभंगुर जीवन यात्रा में
आप चाहते थे
मैं जिन्दा रहूँ
ताकि आप मुझमें जिन्दा रहें।

आज भी जब
किस्मत की बाजी
मिल कर मुझे
करती है द्रवित
और असह्य हो जाता है
मेरा असहायपन
मैं तुम्हें पुकारता हूँ
हालाँकि विदित है मुझे
कि तुम नहीं हो।

आप थे तो मैं हूँ
आप अब नहीं हैं इस धरा पर
तो भी हे पिता मैं आपको पुकारता हूँ।

पिता एक सिद्धान्त है
इस नश्वर संसार में
जीवन का स्रोत
और प्रभु थामे रखता है
निरन्तर जीवन डोर।

अनिद्रा

मैं, सुबह सवरे
मेले से लौटा
वहाँ मुझे
कुछ भी आनन्दित न कर सका।
तमाम रात
बेकार गई
मुझमें ही
अवश्य कुछ कमी रही
नींद नहीं आई
और जब अर्धमूर्च्छा आई
तो ढेर सारे भयावने सपने
संग लाई।

देर रात जब मैं अर्धनिद्रा में था
तो मृत्यु आई
मुझसे बतियाने
मैंने मेले की बात की
जहाँ जिन्दगी
गा रही थी गीत अपने अस्तित्व का
मृत्यु ने हामी भरी!

मेरा अपना

जब मैंने
तुम्हें अपना कहा
वो मेरी
मासूमियत थी

शीघ्र अहसास हुआ
अपनी स्वार्थपरता का
क्योंकि सभी आपके हैं।

मेरी स्वार्थपरता
पावन हो गई
जब मैंने जाना आपको
और संसार में प्रतिबिम्बित
सभी अस्तित्वों को
उसी क्षण
ज्ञान हुआ
आत्म सत्य का
और अन्त हुआ सब स्वार्थपरता का।

अब मैं तुम्हें
बहुत अपना समझता हूँ
मैं ईश्वर समान
हो गया हूँ
क्योंकि तुम प्रतिरूप हो गए हो
सभी के और मेरे भी।

हम एक साथ

हाथों में
लिये हाथ
आँखों में
सपनों का संसार
हम दोनों
निकल पड़े

जीवन के
दुरूह सफर पर।

तुमने मुझमें
मैंने तुममें
अपने-अपने
हिस्से के
जख्म, पीड़ा, चिन्ता
और थोड़े से सुख में
मिल कर
जीना सीखा।

तुम जानती हो मेरी
गलतियाँ
मेरी चुभन
क्यों कुरेदता है
मेरे अन्तर्मन को?
मेरी भावनाएँ
मेरी संवेदनशीलता
सब तुमने चुपचाप
समाहित की हँसी-खुशी।

सभी की तरह
निपुणता, मेरे भी
हाथ नहीं लगी
रूहों की एकात्मकता का
कोई साँचा नहीं
यह धरती की अपूर्णताओं में
ही निहित है
स्वर्ग क्षितिज की

सीमाओं में झिलमिलाता है
कहीं तारों के संग।

हम, धरा के
क्षुद्र वासी
हमें
सितारों की चाह नहीं
हमारा आँगन ही
हमारा स्वर्ग है, छोटा सा
हमारे फूलों से सजा, महकता।
तारे तो स्वयं
हमारे आँगन की
मिट्टी, खुशबू पाने उतरते हैं
चोरी-चोरी
हमारे आँगन में।

जब चिन्ताओं की भट्टी में
सुलगता है मन
घुटने दर्द से टूटते हैं
हम और भी
दृढ़ता से
कस लेते हैं एक-दूसरे का हाथ
तो
खिसकती बालू
धीरे से अलग हो जाती है
और धरती के नीचे छुपे
स्वर्ग को कराती है, रू-ब-रू
हमारे इस घनिष्ट सम्बन्ध पर
ईर्ष्या करते हैं, सितारे!

और क्रूर संसार में
माँ, बच्चों के
सुरक्षित घर लौटने की
प्रतिपल करती है कामना
इसलिए उसका चूल्हा
अभी भी है, प्रदीप्त!

एक कई में परिवर्तित होता है
और धीरे-धीरे
हो जाता है खाली
एवं बह जाता है
समय के बहाव में
जिन्दगी के अनकहे दर्द और कष्टों के
रहस्यमय झरने में!

गंगा*

गंगा-युमना के संगम में
उँडेल दिए
अस्थि कलश
माता-पिता के
और अस्थियाँ बह चलीं सागर की ओर।

सूनी आँखों ने देखा
उनको अन्तिम बार
समाहित होते
वो अब कभी

---

* यह कविता प्रयाग में मेरे माता-पिता की अस्थियाँ प्रवाहित करने से सम्बन्ध रखती है। प्रयाग जहाँ गंगा-यमुना मिलती हैं तथा अदृश्य काल्पनिक सरस्वती भी मिलती है।

वापस नहीं आएगी
गंगा वापस नहीं आती
दरिया विपरीत बहाव में नहीं बहते।

पर गंगा
आकाश से उतरती है
और आकाश को लौट जाती है
जल, पवन और अग्नि
एक हैं
और एक हैं
धरती, आकाश।
वो, जो जान लेता है
आग-पानी एक हैं
जान लेता है सत्य को
और जिसे एक बार यह ज्ञान हो गया
उसे और जीने की आवश्यकता नहीं
क्योंकि जीवन
जिया ही जाता है
सत्य की खोज में
और इस ज्ञान की अग्नि
हमें तपा देती है।

मेरे माता-पिता
उनके माता-पिता
और सभी पूर्वज
विलीन हो गए अनन्त में
नजदीक के दरिया में
हर दरिया गंगा है
जो मिल जाती है सागर में।

पूर्वज, मेरे अन्दर
समाहित हैं
और सदा रहेंगे
उनमें भी

जो मेरे बाद आएँगे
अग्नि, जल, पवन
सभी एक हैं यहाँ
आकाश में, धरा पर
आपको और मुझे
सृजित करने के लिए
हम सभी इनके
ऐक्य में जीते हैं!

जब हम उनकी
एकात्मकता का रहस्य
जान जाते हैं
हम अनन्त में
हो जाते हैं, विलीन
जीवन पुन:जन्म लेता है
यह सत्य जानने के लिए,
कि आग, पानी, पवन
सब एक हैं।

अस्थि कलश
नदी में बहाते
मैं, अर्चना करता हूँ
अपने माता-पिता की
शाश्वत मुक्ति के लिए
ताकि वो मुक्त हो सकें

जीवन–मृत्यु के चक्र से
जैसे ही माता–पिता
दैवीय तत्त्वों में बदले
और एक हो गए
मैं काँप जाता हूँ
उनके विघटन के विचार पर।

मैं लौटता हूँ
अपने कक्ष में
अपनी पिछली यादों में लीन
पहले से ज्यादा भावुक
अपने अश्रु पीकर
मैं हो जाता हूँ
जीवन के नित्य
कार्य कलापों में लीन।
सभी तत्त्व
कर लेते हैं धारण
अपने मूल स्वरूप
अपना अलगाव
और गंगा भी
बह उठती है
अपनी अनन्त यात्रा पर

फरारी एवं जंगली फूल

तुलना नहीं
फरारी की सुन्दरता में
और उन
आधी ढँकी

चकाचौंध से झिलमिलाती
पोशाकें पहने
सुन्दरियों की
जिनमें अमीरी का दिखावा
असमान सम्पत्ति
आकर्षक नयन
भौतिक सुख लालसा दिखाई देती है।

और जंगली फूल की सुन्दरता
जो, नाच रहा है, हवा में
बेपरवाह
अचिन्हित, अनदेखा
इनमें नहीं हो सकती तुलना
यद्यपि सुन्दरता दोनों में निहित है।

जो आँख सुहाए
वही केवल सुन्दर नहीं
अहं के आवरण में लिपटी
और नम्रता में से झाँकती
सुन्दरता
दोनों अलग-अलग
संसार रचती हैं।

एक जंगली फूल की
शान्त मुस्कुराहट की तरह
स्वर्ग के द्वार खोलती
आत्मा को छूती है
और दूसरी सुन्दरता
हमें, दुनियादारी की ओर खींचती है।

विभ्रम

जैसे–जैसे जिन्दगी ने
कर लिया मुझे वश में
और नियंत्रण की लगाम
मुझसे ली छीन
कई अधूरे अतृप्त स्वप्न
लौट आए भ्रम बनकर।

मैंने देखा
मेरा उबाऊ बैल
पंखों वाले उड़न घोड़े में बदल गया
और मेरे खेत से
मुझे उड़ा ले गया
पर्वत की चोटी पर।

मुझे गिरने का भय सताया
और डर कर मैंने
नीचे देखा
और देखे
सभी तरफ बिखरे
रत्न, हीरे
सभी अतृप्त आत्माओं की
भूख मिटाने को पर्याप्त
पर मैं
नहीं उठा पाया उन्हें।

मेरी गली के
सूखे जर्जर बच्चे
उनकी भूखी माताएँ

चमकदार परिधान पहने
परियाँ बन गईं
बड़ी राहत मिली मुझे
उन्हें खुश एवं भरा-पूरा देख कर
उनके सुन्दर चेहरों पर रौनक आई
जैसे अन्ततः जीवन खिल उठा हो।

पर सच्चाई एक
दुःस्वप्न है
मैं उसे पुनः देखने से
करता हूँ घृणा
और चाहता हूँ भ्रम बना रहे।

भ्रम एवं स्वप्न
हमारे जीवन की आभाएँ हैं
अच्छा है
इनमें डूबे रहें।
बचते रहें
जीवन की सच्चाइयों से
पर क्या विडम्बना है!
खोलनी ही पड़ती हैं
आँखें!

संन्यासी

त्याग
घर, बार, घाट, परिवार
चले गए संन्यासी
जंगलों में

शान्ति एवं ज्ञान की खोज में!

कोई लगाव नहीं
न माँ-बाप से
न अपने साथियों से
संसार को
भयानक तट की तरह समझ
सभी से विरक्त
चले वे शान्ति पाने
कैसी कठोर उदासीनता है?

पत्थरों पर घास नहीं उगता
पकी प्रवृत्तियाँ
स्नेह नहीं बरसातीं
संन्यासी अपनी ही
सादगी पसन्द दुनिया में रहते
प्रेम एवं भावावेश से मुक्त।
नहीं किसी से कोई
सरोकार
मुक्ति हेतु
झेलते अनेक कष्ट
भूल जाते
सृजक ने
संसार बनाया है प्रेम के लिए
और आत्माओं में
भर दिया है भाव
अपने से हटकर
दूसरों से प्यार करने का।

योगी

नदी में डुबकी लगाते
पवित्रता एवं शान्ति प्राप्ति को
उनका यह
स्वार्थ देख
दरिया क्रुद्ध हुआ
और उनकी कठोर पंथी का
उपहास उड़ाया।

दरिया ने कहा
कौन सी तपस्या है
स्वयं से ऊपर
दूसरों के लिए दुख सहने
उनका दुख महसूस करने
और उनको बाँटने से बढ़कर
किस शान्ति की अपेक्षा है,
तुम्हें अपने एकान्त में
स्वयं को उनसे अलग करने में
जो तुम्हें बहुत प्यार करते हैं
और तुम्हारा
प्यार चाहते हैं।

योगी ने
अँजली भर पानी तर्पण कर
दरिया को किया नमन
क्योंकि प्रेम में
जल, रक्त एवं अश्रु
सब एक हैं
योगी ने दरिया को
प्यार से निहारा।
दरिया

जो निरन्तर बह रहा है
सागर प्रेम में प्रतिक्षण
सागर में लीन
होने के लिए
शान्ति एवं मुक्ति
तपस्या से नहीं
मुट्ठी भर पानी से भी
प्राप्त हो सकती है।

मेरे लड़खड़ाते कदम

भयग्रस्त
अनिच्छा से
मैंने एक कदम
अँधेरे में बढ़ाया
उस ओर थी एक सुरंग सी
और ले जा रही थी
घने अन्धकार जैसे नर्क की ओर
कोई शक्ति जैसे
मुझे पीछे से धकेल रही थी
और मैं
असहाय
प्रतिरोध में अक्षम
बढ़ रहा था उस नारकीय गन्तव्य की ओर।

मैं, चलता गया–चलता गया
कँपकँपाता
सुरंग के अन्तिम छोर तक
और मेरे समक्ष आई

एक अति सुन्दर घाटी
फूलों से लदी
सूर्य-रोशनी में नहाती
पक्षियों से चहचहाती
रंगों में खिलखिलाती
हर ओर
उस दमकती दुनिया में
देवदूत मेरी अगवानी करने
स्वयं आए।
मैंने उनसे पूछा,
क्या यह सब सच है?
देवदूतों ने एक स्वर में कहा
हाँ प्यारे यह सच है
उस काले भयावह पथ से
कहीं ज्यादा सच!

जीवन मुक्ति*

मेरे गाँव में
लहलहाते खेतों
जहाँ मेरे साथी
कठिन परिश्रम में रहते हैं लीन
वहाँ स्थित छोटी पहाड़ी से
प्राय: मैंने देखा
नि:सीम क्षितिज
और उसका अन्तहीन फैलाव!
मैं क्षितिज की प्रकृति नहीं जानता था

* जीवन मुक्ति, संस्कृत शब्द जिसका अर्थ है जीवन चक्र से मुक्ति। यह मनुष्य के लिए सर्वोच्च निर्वाण की प्राप्ति मानी जाती है।

अभी भी अनभिज्ञ हूँ उससे
पर इसके बावजूद करता हूँ उससे प्यार
जो मुझे मुझ से कहीं दूर
ले जाता है
किसी अज्ञात जगह।

मेरे अन्तर्मन की प्रबल लालसा है
अपने अस्तित्व को न खोते हुए
क्षितिज की अनन्तता में
विलीन हो जाऊँ
मैं, वैराग्य नहीं चाहता
न स्वयं का विनाश
मैं तो लालायित हूँ
केवल उस प्यार का
ताकि मैं भी हो जाऊँ
इतना व्याप्त कि
क्षितिज की अनन्तता में फैल जाऊँ!

मैं अपने अस्तित्व को चाहता हूँ
अनन्त अन्तरिक्ष के फैलाव में
नग की तरह जड़ा हुआ
जैसे समुद्र की लहर
उसकी गोद में हिलोरती।
मेरे लिए यही है
मुक्त जीवन का अभिप्राय
अपने अस्तित्व में जीना
असीमितता से साँस लेना
यही मेरी जीवन मुक्ति है।

यह जीवन, यह संसार

उस संसार को
जिसे मैं करता हूँ, प्यार
कैसे कहूँ अलविदा
पर मुझे विदित
जीवन नियम
त्यागना ही पड़ता है संसार!

संसार और जीवन से
गहरा है मेरा लगाव
नहीं जानता इसे
पूर्ण रूप से
और समझने की जरूरत भी नहीं
जीवन का अनूठा
उपहार है
अद्‌भुत आनन्द
देवता भी करते हैं जिससे ईर्ष्या।

हर बार जब मैं देखता हूँ
सूँघता हूँ, सुनता हूँ
छूता हूँ, सोचता हूँ
रोमांचित होता हूँ या
चुपचाप बहाता हूँ आँसू
और इस सब में
जीवन का सौन्दर्य महसूस करता हूँ
तो मुझे जानने की जरूरत ही क्या है?

केवल, इस नश्वर संसार में
नश्वर आँखों से ही सम्भव है

ब्रह्मांड के स्वप्न देखना
और अमरत्व की कल्पना।

क्या स्वप्न आएगा मुझे
जब मैं शाश्वत हो जाऊँ
और ब्रह्म में लीन हो जाऊँ
तब तो ब्रह्म ही करवाएगा मुझे
उस स्वप्न आनन्द की अनुभूति
जब कोई स्वयं आकाश का हिस्सा हो
तो कैसे निहार सकता है आकाश
सम्पूर्णता को गर प्राप्त कर लिया
तो पूर्णता की कामना का क्या ?

दरिया का प्रत्यण
सागर में लीन होना
इसी रवानी में है
दरिया की गरिमा
सागर के अन्दर
क्या होता घटित
न कोई जानता है
न कर सकता है कल्पना!

तमाम जीवों में
परस्पर प्यार
अमृत से भी मीठा
देवदूत भी चाहेंगे इसे पीना
अगर देवदूत देखते हैं कोई सपना
अपने जीवन का
वो है
नश्वर संसार के प्यार की अनुभूति।

सांसारिक कष्ट
दैवीय संगीत हैं
जो जीवन की
अदृश्य डोरियों से
उपजते हैं।

आत्मा इसी संगीत से
भाव विभोर
पवित्रता प्राप्ति को
है संघर्षरत।

इसी संसार में हम
मरते हुए कीड़े-मकोड़ों के लिए
तड़प सकते है
भूखे भिखारियों के लिए
रो सकते हैं
और फूल-दर-फूल का रसास्वादन करती
तितलियों संग हँस सकते हैं।

समस्त
सौन्दर्य एवं प्रेम
पवित्रता एवं मुक्ति
जीवन के अंग
तभी महसूस कर सकते हैं
केवल जब हम जीवित हैं
और प्यार करते हैं सभी जीवात्माओं से
अपने अन्तर्मन से।

जीवन से मुक्ति
एक अन्धी चाह

क्यों भागें इसके पीछे
समय बहुमूल्य है
इसकी बरबादी न होने दें
जीवन को छुएँ, महसूस करें।
जीवन ईश्वर की अद्‌भुत
देन है
जीवन और मृत्यु
जीवन रूपी फूल की पंखुड़ियाँ
आइए, जीवन का भरपूर आनन्द लें।

जीवन पथ है
आश्चर्यजनक
इसके रहस्य
रंग-खुशबू
मैं बारम्बार जीना चाहूँगा
जब तक थक न जाऊँ पूर्ण रूप से।

श्री जगन्नाथ*

समस्त जीवात्माओं में
सर्वत्र
सब बाधाओं, दीवारों से परे
धार्मिक क्रिया कलापों से परे
आप विद्यमान
आत्माओं की आत्मा
परमात्मा।

---

* श्री जगन्नाथ का तात्पर्य है जगत स्वामी। वे परमानन्द एवं सर्वोच्च सत्य हैं। वे ही संसार के सृजक, पालनहार तथा विध्वंसकर्ता हैं। इसलिए वो सर्वोच्च देवता भगवान विष्णु हैं जो सभी धर्मों, आस्थाओं तथा मान्यताओं से ऊपर हैं। प्रसिद्ध जगन्नाथ मन्दिर पुरी स्थान पर भारतीय राज्य ओडिशा में स्थित है।

आप परमसत्य
असत्य के नाशक
असत्य जो
मन को बनाता शैतान अनेक बार
आपके अस्तित्व में घुलकर
वो भी बन जाता सत्य का हिस्सा
आपका हिस्सा।

आप करते हैं आत्मा से संवाद
आपका अनिर्वचनीय प्यार
भाषा, अर्थों और प्रतीकों से परे
सीधे पहुँचती है जब
आपकी आवाज आत्मा तक।
नहीं रहता किसी ज्ञान का महत्त्व
ज्ञाता एवं ज्ञेय
हो जाते हैं एक
जैसे हमेशा थे
हमेशा रहेंगे
केवल, प्रायः, हम, यह याद नहीं रखते।

मेरी हथेली पर रखी
सागर की एक बूँद में
देखता हूँ
तमाम ब्रह्मांड
अनगिनत सागर
अनन्त जीवन
उसी बूँद में
देखता हूँ
आपका विराट स्वरूप
अनन्त जीवन की

अनन्त सम्भावनाएँ।

उसी बूँद में
आपने सृजित किया
सीमित एवं असीमित के बीच का रिश्ता
जिस रिश्ते से
उपजती ज्ञान पिपासा
श्रद्धा एवं विश्वास की तलाश
और आपके श्री चरणों में
नतमस्तक शरण लेने की उत्कंठा
ये सभी उद्‌भाव
आपकी ही नियामतें हैं, प्रभु!

सीमित मनुष्य करते हैं ज्ञान की खोज
एक बार जब सुनाई देती है
आपकी दैवीय वाणी
आत्मा की ज्ञान पिपासा
इति पा जाती है
बोध हो जाता ज्ञान का
बूँद पा जाती है
अपने ही अन्दर का समुन्दर।

आप जगत स्वामी
सभी स्पष्ट-अस्पष्ट तत्त्व
आपके क्षणिक या शाश्वत
अनन्त, एकात्मकता में समाहित
जिस तत्त्व का भी
कालचक्र साक्षी है
मूर्त या निराकार।
भूत, वर्त या भावी

प्रत्यक्ष-अप्रत्यक्ष
सांसारिक या परित्यागित
भ्रम या सार
सभी हम तुच्छ मनों के विचार हैं
आपकी सृजता को
कोई नहीं भेद पाया।

शायद ये सभी
संवेदनशीलताएँ
आपके द्वारा सृजित
संसार की असीम भव्यताएँ
आपके सत्य की पहेलियाँ
और उनकी कल्पनाओं के लिए
हमें मिली हैं
ताकि परमानन्द प्राप्ति से पहले
हमें, शाश्वत शान्ति मिल सके।

कोई संसार नहीं
जिसका करना है, परित्याग
कोई भ्रम नहीं
जो मिटाना है
सभी ओर फैला है
आपका देवत्व।

ऐसे अद्‌भुत संसर्ग में
जिया जीवन
कष्ट, सुख, दुख
ज्ञान की खोज या मुक्ति
के चक्रों से गुजरते भी
जीने योग्य हैं।

आपको और आपकी सभी
कृतियों से प्रेम करना
जानना एवं महसूस करना
यात्रा के अन्तिम पड़ाव पर
यह सुन्दर एहसास
कि मैं आप में निहित हूँ
और यह कि
मैं ब्रह्म हूँ!

हम सभी एक हैं
ब्रह्मांड एक है
जीवन एक है
और आप सृजक हैं
जगत स्वामी!
मिट्टी का कण-कण
हर फूल हर पत्ता
हर एक ग्रह
हर एक तारा
समस्त क्षितिज
आपका बसेरा
ऐसे ही मेरा शरीर मेरी आत्मा
और मैं भी।

□□□